Mitgestalter und schöne Geschäfte

Gruvgatan 13, Seiten 48, 74,124, 141
Foto: Magdalena Björnsdotter

Home No 1, Seite 131
Foto: Marcus Bolin

My Home, Seiten 50, 78, 138
Foto: Katarina Nilsson

My Lovely Home, Seiten 62, 64
Foto: Johanna Karlsson

Design and Country House, Seiten 30, 177, 112
Foto: Anna Hagman

Butik Drängstugan, Seite 187
Foto: Anna Lundberg

Mitt ljuva Hem, Seiten 79, 161
Foto: Camilla Boberg

Hem T gårn, Seiten 76, 165
Foto: Maria Ryman

Lavendel & Romantik, Seiten 111, 126, 160
Foto: Bosse Martinsson / Malin Liden

Ambiance, Seiten 77, 182
Foto: Pia-Maria Sjöberg

Idémakeriet, Seiten 154, 155, 156
Foto: Minna Mercke Schmidt

Inredningskompaniet, Seite 118
Foto: Espen Grönli

Mollys Hus, Seiten 60, 61, 95
Foto: Pelle Wågenberg

Kungen Lilla Piga, Seiten 134, 135
Foto: ThereséTarrasWahlberg

Madame Petité, Seiten 68, 100, 101, 127
Foto: Frida Ström

Kallholmen, Seiten 84, 116
Foto: Olle Thoors

Me and my home, Seiten 70, 132,133
Foto: Sofia Nilsson

Lantliv, Seiten 120, 121
Foto: Per Eriksson

Vita Rummet, Seiten 75, 125, 181
Foto: Viktor Loiske

mig & alice, Seiten 69, 71, 85, 98, 99, 119
Foto: Helena Blom

Himlen runt hörnet, Seiten 115, 166
Foto: Therese Vestberg

Home Of Sisters, Seiten 80, 162
Foto: Petra Eriksson, Ingela Broling

Text Cillas Cottage, Seite 136
Foto: Petra Eriksson, Ingela Broling

Änglarum, Seiten 113
Foto: Susanne Eklund

C'est la vie, Seite 152
Foto: Martin Botvidsson

Tildas Mamma, Seite 96
Foto: Theres Lindberg

Fridas Gård, Seite 122
Foto: Therese Colstrup

Karin Linnea, Seiten 130, 158
Foto: Eva-Lena Rääf

Nostalgi & Kuriosa, Seite 91
Foto: Harriet Blekkerud

Noll54, Seiten 28, 29, 31
Foto: Edward Gawor

Mitgestalter und schöne Geschäfte

Willkommen

Was Sie nun in den Händen halten, ist ein lang gehegter Traum, der sich endlich für uns erfüllt hat – und wir hoffen, dass Sie daran lange Ihre Freude haben werden. Dieses Buch ist das Ergebnis der Zusammenarbeit eines ganz besonderen Teams von Amateuren, Fotografen, Bloggern, Einrichtungshäusern und Profis aller möglichen Fachbereiche, die durch ihre Leidenschaft für Inneneinrichtung zusammengefunden haben. Wir hoffen, dass es Ihnen neue Perspektiven eröffnet, um Ihr Heim mit mehr Freude, Kreativität und Sinn für seine vielfältigen Möglichkeiten zu gestalten. Wir wollen den Wert professioneller Beratung keinesfalls herabspielen, doch wir glauben, dass unser Buch eine wertvolle Ergänzung dazu darstellt. „Inspiration in Weiß" ist unser erstes Werk, und darum wollen wir uns hier erst einmal vorstellen.

Wir sind zwei Frauen vom Vänersee im schwedischen Värmland. Seit unserer Kindheit interessieren wir uns für Einrichtung, obwohl keiner von uns beiden über Berufserfahrung auf diesem Gebiet verfügt – unsere berufliche Arbeit dreht sich um Menschen in Ausnahmesituationen.

„Inspiration in Weiß" ist das Ergebnis eines Jahres harter Arbeit, die wir mit Studium, Arbeit und Familienleben vereinigen mussten. Diese Zeit hat uns viele neue Perspektiven in der Innendekoration beschert, aber durchaus auch einige graue Haare mehr. Das größte Aha-Erlebnis war für uns die ungeheure Freude, die eine ganz und gar individuell eingerichtete Umgebung bringen kann. Wir hoffen, Ihnen diese Freude durch die sehr persönlichen, sowohl von Profis als auch von Amateuren aufgenommenen Fotos vermitteln zu können.

Für uns ist Einrichtung ein Lebensstil.

Herzlichst

Ingela Broling
inspirationivitt.blogspot.com

Petra Eriksson
romantiskahem.blogspot.com

Vielen Dank an alle mitwirkenden Geschäfte:

Ambiance • Idémakeriet www.idemakeriet.se • Inredningskompaniet • Gruvgatan • Home No 1 www.homenumberone.se
My home www.myhomekalix.se • My lovely Home • Design and Country House • Butik Drängstugan • mig & alice
Mitt Ljuva Hem • Home of Sisters • Cillas Cottage • Änglarum • Mollys Hus • Tildas Mamma www.tildasmamma.se
Fridas gård • Kallholmen • Me and my home • Lantliv • Vita Rummet • Himlen runt hjörnet • Hem T garn
Lavendel & Romantik • Karin Linnea • Nostalgi & Kuriosa www.nostalgie&kuriosa.se • Noll54
C'est la vie Home www.cestlavie.se • Kungens Lilla Piga • Madame Petité

Umschlagsfoto: Ingela Broling & Petra Eriksson

Inspiration in Weiß
Wohnen & Dekoration

Lifestyle
premium
BUSSE SEEWALD

Noch mehr Dank

...gilt all den wunderbaren Bloggern, die so fantastische Fotos aus ihrem eigenen Zuhause beigesteuert haben. Ohne euch wäre dieses Buch nie Wirklichkeit geworden!

Malin, Rosengårdens Inredning *http://rosengardensinredning.blogspot.com*
Siv, Vit Spets *http://vitspets.blogspot.com* • Lovisa, Vad händer på Landet *http://lovisapalandet.blogspot.com*
Susanne, me and Alice *http://www.meandalice.blogspot.com* • Carina, Ängeln I Vitt *http://angelnivitt.blogspot.com*
Anna, Annas Hus På Landet *http://annashuspalandet.blogspot.com* • Mari, Guldkant På Livet *http://guldkantpalivet.blogspot.com*
Mia-Maria, Vitt Hus Med Vita Knutar *http://www.vitthusmedvitaknutar.blogspot.com* • Paula, Loppisliv *http://loppisliv.blogspot.com*
Ina, Franssohnska Gården *http://franssohnskagarden.blogspot.com* • Anita, Anitas Ljuva Rum *http://anitasljuvarum.blogspot.com*
Anna, My Lovely Things! *http://mylovelythings.blogspot.com* • Sussie, Granne Med Selma *http://mylovelythings.blogspot.com*
Lotten, Lottens Vita och Gröna *http://lottensvita.blogspot.com* • Marie, Vita Ranunkler *http://vitaranunkler.blogspot.com*
Fröken M, Snäckornas Sjö *http://www.snackornassjo.blogspot.com* • Anette, *http://www.lantlif.blogspot.com*
Sara, Under En Vind *http://underenvind.blogspot.com* • Mia, Lilla Blanka *http://lillablanka.blogspot.com*
Marlene, StrömKarlen- Vitavillan *http://www.stromkarlen-vitavillan.blogspot.com*

Inhalt

Schwedische Originalausgabe:
Ingela Broling & Petra Eriksson
„Romantiska Hem & Inspiration i Vitt"

ISBN 978-91-633-5104-4
Fotos: Die Fotografien wurden von Bloggern, Einrichtungsgeschäften, professionellen Fotografen sowie den Autorinnen selbst aufgenommen. Mehr Informationen dazu in der Beilage am Ende des Buches.

Deutsche Ausgabe:
3. Auflage

Übersetzung: Frauke Watson, F-Callian
Satz: L&L Fotosatz GmbH, Hiddenhausen
Druck und Verarbeitung: Stürtz GmbH, Würzburg
Printed in Germany
ISBN 978-3-512-03348-3

Einleitung

„Inspiration in Weiß“ soll alle Ihre Sinne anregen und Sie dazu ermutigen, Ihr eigenes Zuhause individuell zu gestalten. Wir möchten in Ihnen die Lust zum kreativen Einrichten wecken, unabhängig davon, wie viel – oder wie wenig – Zeit Ihnen dafür zur Verfügung steht, unabhängig von der Größe Ihrer Familie, Ihres Terminkalenders oder der Lage und Beschaffenheit Ihres Domizils. Diese Faktoren haben nämlich im Grunde eine eher geringe Bedeutung; das Entscheidende ist, was Sie mit Ihren persönlichen Ressourcen anfangen.

„Ihr Zuhause ist eine Bühne, in der Sie sich frei entfalten können. Sie soll Ihrer Persönlichkeit entsprechen und mit Ihnen wachsen.

Wir möchten hier schon einmal vorausschicken, dass wir hier keine definitiven Tipps zur Farbgestaltung geben oder fertige Küchensysteme empfehlen. Die Fotografien in diesem Buch stammen nicht nur von eigens dafür angestellten Profi-Fotografen. Solche Bücher haben ihren eigenen Charme, und es gibt sie in großer Auswahl im Buchhandel. „Inspiration in Weiß“ will Sie dazu anregen, die Umgebung, die Ihnen schon immer vorgeschwebt hat, mit Ihren eigenen Mitteln zu gestalten. Wir haben dieses Buch geschaffen, weil wir der Ansicht sind, dass diese Art von Büchern in der Einrichtungsliteratur zu selten vorkommt.

Wir möchten Sie dazu anregen, Ihre eigene schöpferische und künstlerische Ader zu entdecken. Die Anregungen in diesem Buch sind tatsächlich umsetzbar, denn sie wurden von zwei ganz normalen Frauen ohne Berufserfahrung in der Innenarchitektur erdacht und nachgestaltet.

Vielleicht ist „brennendes Interesse“ allein nicht genug, um ein ganzes Haus von Grund auf zu renovieren, aber es reicht dennoch erstaunlich weit, wenn es um die Details geht. Denn die Atmosphäre eines Zuhauses setzt sich doch zum allergrößten Teil aus genau diesen Details zusammen. Daher ist Inspiration in Weiß eine gute Ergänzung zur professionellen Einrichtungsliteratur.

Quellen für schöpferische Inspiration finden sich überall. Oft muss man dafür nur in neuen Bahnen denken. Wer sagt eigentlich, dass ein Kranz immer rund sein muss? Er kann doch auch rechteckig sein und ein besonders schönes Bild umranden. Kuchenteller nur für Kuchen allein verwenden? Nicht doch: Im Badezimmer sind sie ein besonders schöner Sammelplatz für Badesalz, Parfum und Seife. Bilder müssen nicht immer an der Wand hängen – mit zwei Griffen daran wird daraus ein originelles Tablett. Aus Flickenteppichen kann man dekorative Etuis schneidern. Das alte Weinregal ist viel zu schade, um im Keller zu verstauben – also wird es kurzerhand auseinandergenommen und zu dekorativen Fenstergittern umgestaltet.

Dieses Buch soll Sie dazu anregen, die Dinge Ihrer Umgebung mit anderen Augen zu betrachten und nach Ihrem persönlichen Geschmack zu arrangieren und umzugestalten.

Oft hört man Kommentare wie „ja klar, wenn man genügend Geld hat, kann man sich ein schönes Heim leisten“. Das ist ein Mythos, mit dem wir hier aufräumen wollen. Geld ist nicht die wichtigste Voraussetzung, um sich ein gemütliches Zuhause zu schaffen. Durch wenige Handgriffe (und vielleicht mit etwas Neuem kombiniert) kann aus einem alten Stück ein ganz neuer Schatz entstehen. Das Wichtigste bei der Einrichtung ist das Gleichgewicht zwischen Kontrast und Harmonie. Es fehlt oft an Zeit und Kraft, um große Pläne zu verwirklichen, doch das Tröstende ist, dass man schon mit wenigen Details eine neue Stimmung zaubern kann.

skafferi

Unsere Einrichtungsvorschläge sind darauf abgestimmt, die gute alte Zeit gefühlsmäßig wieder aufleben zu lassen. Die 500 Abbildungen in diesem Buch stammen aus den Wohnungen all derer, die an ihm mitgewirkt haben sowie aus verschiedenen Geschäften für Innendekoration.

Wie rücken Sie ihre persönlichen Habseligkeiten ins rechte Licht? Nehmen Sie zum Beispiel all die schönen und eleganten Dinge, die sich in Ihren Schränken verstecken und so gut wie nie hervorgeholt werden. Warum verwenden Sie nicht einfach die schönen Weingläser für den Frühstückssaft? Natürlich ist es schade, wenn sie dabei zerbrechen. Doch wäre es nicht noch trauriger, wenn sie kaputt gehen, obwohl sie nur alle Jubeljahre einmal das Tageslicht erblicken?

Wenn man die Augen öffnet und mit allen Sinnen experimentiert, gewinnt das Leben sofort an Qualität. Ein Zuhause, dass die Sinne anspricht, gibt Ihnen Kraft, Sicherheit und Energie. Das sind Eigenschaften, die man allzu oft vergisst, anstatt ihnen den Stellenwert zu geben, der ihnen im täglichen Leben zukommt. Darum hoffen wir, dass Sie Ihr Zuhause nach dem Durchblättern dieses Buches mit neuen Augen betrachten und es gewissermaßen mit dem Goldrand versehen können, den es verdient.

Bei dem Wort „Inneneinrichtung“ denken viele nur an den schönen Schnickschnack, den es in Dekorationsgeschäften zu kaufen gibt. Doch es geht dabei um soviel mehr als schöne Dinge. Denken Sie an ihr Lieblingsmaterial; daran, wie es sich unter den Händen anfühlt. Sehr wahrscheinlich gibt es bei Ihnen bereits viele Dinge, die aus diesem Material bestehen! Nun schauen Sie sich an, in welchem Maße diese den Gesamteindruck Ihres Hauses positiv oder negativ prägen. Auf dieselbe Weise können Sie mit Düften experimentieren: Gibt es einen Geruch, der für Sie eine bestimmte Stimmung heraufbeschwört, wie zum Beispiel der Duft von Orangen, Zimt und Nelken, wie Pfefferkuchen und Glühwein in der Weihnachtszeit? Was wäre der Sommer ohne Maiglöckchen, Rosen, Lavendel, Wicken oder Erdbeerduft? Ein wirkliches Zuhause ist erfüllt von sehr persönlichen und charakteristischen Düften. Daher haben wir diesem Thema mit „Gaben der Natur“ ein ganzes Kapitel gewidmet.

Wir hoffen, dass Sie „Inspiration in Weiß“ immer wieder zur Hand nehmen und daraus jedes Mal neue Ideen schöpfen werden.

Eingang

Der Eingang ist einer der wichtigsten Bereiche Ihres Heims, denn er vermittelt den Besuchern den ersten Eindruck dessen, was sie drinnen erwartet. Er ist der erste Raum, den Sie abends betreten und der letzte, den Sie morgens verlassen. Ein einladender Eingangsbereich entspannt und hebt die Stimmung. Wie Sie ihn gestalten, liegt natürlich ganz bei Ihnen, doch auf den nächsten Seiten möchten wir Ihnen ein paar gelungene Beispiele zeigen.

Der erſte Eindruck iſt ent-ſcheidend

All diese Eingangsbereiche heißen den Besucher auf ihre ganz eigene Art und Weise willkommen. Mal ist es ein stilvoller Kranz oder ein hübsches Schild, ein Vogelbad oder vielleicht ein Stillleben aus Topfpflanzen. Was ist es, das Sie persönlich an diesen Bildern anspricht? Die Gegenstände selbst, die Form oder die Farbe? Wenn Sie sich erst einmal darüber klar werden, können Sie es ganz leicht für Ihr eigenes Zuhause umsetzen.

Hat Ihr Haus einen Vorgarten? Dann betrachten Sie ihn als Verlängerung des Eingangsbereiches – ein Hausflur, der an der Grundstücksgrenze anfängt.

Im Flur sind Funktionalität und Stauraum ganz wichtig. Hier sammeln sich sehr schnell Jacken, Schuhe und Krimskrams an, sodass der Eindruck von Unübersichtlichkeit und Enge entsteht. Vielleicht findet sich bei Ihnen eine Möglichkeit, Kleidung hinter Wandvorsprüngen oder einem dekorativen Vorhang zu verstauen. Warum nicht auch ein Schuhschrank und ein paar Kleiderhaken in der Veranda? Mehr Ideen finden Sie unter „Schnelle Verwandlungstipps.“

Kleine Flure profitieren von hellen Farben. Hier sollte man auf allzu viel Zierrat verzichten, sonst wirkt der Raum schnell vollgestellt. Ein heller, luftiger Eingangsbereich ist nun einmal besonders einladend.

Balkon & Terrasse

Es geht doch nichts über einen luftigen Platz, an dem man Kaffee trinken, ein Buch lesen oder abends mit Freunden ein Glas Wein genießen kann. Gestalten Sie Balkon oder Terrasse wie ein weiteres Zimmer Ihrer Wohnung. Nahtlose optische Übergänge wirken entspannend und geben ein Gefühl der Weite, selbst, wenn Ihr Außenraum vergleichsweise winzig ist.

Kissen und Decken und jede Menge Grünpflanzen sorgen für Gemütlichkeit. Kombinieren Sie dabei ruhig Hängekörbe mit hohen Gräsern und rankenden Pelargonien, das wirkt wesentlich lebendiger als ein paar Topfpflanzen von derselben Größe. Wer mag, kann das Ganze noch durch Stillleben mit Steinen, Zweigen, Tannenzapfen oder anderen Fundstücken beleben.

Wie Sie auf den Fotobeispielen erkennen können, sind der Phantasie dabei wahrlich keine Grenzen gesetzt!

Ein Bereich zum Ent-spannen

Schnelle Verwandlungstipps

Spiegel gehören einfach in den Flur. Ist der Eingangsbereich besonders klein, kann man den Raum durch ein paar geschickt platzierte Spiegel optisch vergrößern. Praktisch sind lange, schmale, vertikal angebrachte Spiegel oder eine Reihe von kleineren Spiegeln übereinander. Sind diese so aufgehängt, dass natürliches oder künstliches Licht hineinfällt, verdoppelt sich der Lichteinfall in den Raum.

Wenn Sie die Flurtür tagsüber gern offen stehen lassen, empfiehlt es sich, vor der Türöffnung einen Vorhang anzubringen. Es muss nicht immer eine Gardinenstange sein – schauen Sie einmal in Haus und Garten herum: Ein Paddel, eine alte Harke oder ein gerader Ast sind so schön wie originell.

Topfpflanzen sorgen für Leben und Behaglichkeit. Verzichten Sie in kleinen Fluren auf tiefe Schränke – flache Regale und Kommoden geben mehr Bewegungsfreiheit!

Cleverer Stauraum ist das A und O im Flur. Von selbst genähten oder gekauften Stoffsäckchen kann man nie genug haben. Garderobenhaken sind besonders in schmalen Räumen praktisch. Niedrige Kommoden können zugleich als Sitzmöbel beim An- und Ausziehen der Schuhe dienen. Jacken und Mäntel verschwinden im Winter hinter einem Vorhang.

Dekoration braucht sich nicht auf Wandbilder und Blumensträuße zu beschränken. Eigentlich kann dafür alles verwendet werden – da sind Ihrer Fantasie wirklich keine Grenzen gesetzt. Schöne wie nützliche Gegenstände, egal, ob sie regelmäßig verwendet werden oder nur selten zum Einsatz kommen, werden frei nach Lust und Laune zu kleinen Stillleben arrangiert. Potpourri, Postkarten, Schmuck, Schuhe und Accessoires, Bilder und Haushaltsgegenstände – das liegt ganz bei Ihnen!

Compliments
of the
Season

Im Takt mit den Jahreszeiten

Wer die Wahl hat, hat die Qual – doch unserer Erfahrung nach empfiehlt es sich, beim Einrichten konsequent zu sein. Wenn zu viele verschiedene Dinge und Stilrichtungen bunt zusammengewürfelt werden, wirkt das Ergebnis leicht verwirrend und überladen. Die hier gezeigten Stil-Beispiele – Ländlich, Romantisch, Französisch, Shabby Chic und Weiß – können selbstverständlich auch miteinander kombiniert werden.

Ländlich

Romantisch

Französisch

Weiß

Shabby Chic

fait tout pe - tit_ le - sus cet_te nuit S'est fait tout pe

Ein Garten ist das ganze Jahr über für uns da

Januar

Vergessen Sie die Singvögel nicht. Diese müssen um diese Zeit oft Hunger leiden und freuen sich über Körner und Meisenknödel. Eis- und Windlichter sind stimmungsvoll am Abend.

Februar

Schneiden Sie draußen ein paar Zweige und stellen sie in die Vase, dann werden sie bald Blüten treiben. Gut geeignet dafür sind Forsythie, Johannisbeere, Kastanie, Kirsche, Ginster, Quitte, Schlehe, Birke oder Weide.

März

Zwiebelpflanzen im Flur oder auf der Veranda läuten den Frühling ein. Die ausgeblühten Zwiebeln können später in den Garten gepflanzt werden, dann kommen sie das nächste Jahr wieder. Die Kinder können Ostergras oder Hafer in flachen Schüsseln aussäen. Nach 2-3 Wochen hat sich dort ein dichter Grasteppich gebildet.

April

Jetzt ist die Zeit der Zwiebelpflanzen und Stiefmütterchen gekommen. Wenn die Pflanzen bis in den Sommer hinein blühen sollen, geben Sie Langzeitdünger in das Substrat.

Mai

Stellen Sie Kirschblüten, Flieder und Maiglöckchen zu prachtvollen Sträußen für Wohnung und Gartentisch zusammen.

Juni

Nun, wo alles blüht und grünt, gibt es immer frische Blumensträuße aus dem Garten! In Skandinavien pflücken unverheiratete Mädchen zur Mittsommernacht sieben verschiedene Blumen und legen sie unter das Kopfkissen, um von ihrem künftigen Gatten zu träumen.

Juli

Wunderschön auf dem Beet und in der Blumenvase ist ein Arrangement aus Kriech-Günsel, Steinquendel, Silberregen, Prachtkerze, Hain-Salbei, Zitronen-Thymian, Adlerfarn, Segge und Perlhirse.

August

Sammeln und pflücken Sie die Zutaten für einen wohlschmeckenden Kräutertee aus Korinthen, Zitronenmelisse, Minze, Rosen- und Ringelblumenblätter. Die Mischung gut trocknen und in einem dunklen, luftdicht verschließbaren Behälter aufbewahren.

September

Mit Glycerol behandelt, bleiben Zierapfelzweige lange Zeit schön: 1 Teil Glycerol (aus der Apotheke) mit 2 Teilen kochendem Wasser mischen und abkühlen lassen. Dann in ein Gefäß gießen und die Zweige hineinstellen. Diese werden nun von innen her konserviert und halten sich mehrere Monate lang.

Oktober

Aus Euphorbia, Salbei, verschiedenen Grassorten, z. B. Lampenputzergras, sowie Fetthenne und kriechender Günsel kann man wunderbare Herbststräuße zusammenstellen.

November

Machen Sie dekorative Arrangements aus Moos, Tannenzapfen-Zweigen und Äpfeln für die Vögel und ersetzen die Äpfel, sobald sie aufgepickt wurden. Sammeln Sie schon jetzt Moos, hübsche Zweige, Vogelbeeren, Tannenzapfen und Gräser für die Adventsdekoration. In Plastiktüten mit Luftlöchern im Schuppen oder Gewächshaus gelagert, halten Moose und Vogelbeeren sich länger frisch.

Dezember

Zu den traditionellen Weihnachtsdüften wie Pfefferkuchen, Zimt, Gewürznelken und Orangen ist inzwischen auch der Duft von frischen Blumen hinzugekommen, zum Beispiel von Hyazinthen. Diese gibt es im Blumenhandel mittlerweile in verschiedenen Duftstärken zu kaufen – bei dem sehr eigenen Duft von Hyazinthen keine schlechte Idee!

Damer!

Badezimmer

Badezimmer sind oft die Stiefkinder der Wohnung. Dabei gibt es doch nichts Schöneres, als am Ende eines langen Arbeitstages ein entspannendes Bad oder eine heiße Dusche zu nehmen! Es lohnt sich also, Zeit und Kreativität in das Bad zu investieren.

Es herrscht oft die Vorstellung, dass schöne Badezimmer teuer sind. Das halten wir für ein Gerücht. Dieses Kapitel wendet sich daher vor allem an diejenigen, die nicht unbedingt eine größere Renovierung anstreben, sondern denen es nur an ein paar guten Ideen fehlt.

Im Badezimmer und Gäste-WC ist man an die festen Installationen gebunden, sofern man nicht alles umbauen will. Das bedeutet aber noch lange nicht, dass man dem langweiligen Bad und Gäste-WC kein neues, frisches Gesicht geben kann. Durch den begrenzten Raum fällt es zudem leichter, sich dabei an einen bestimmten Stil zu halten.

Kreativität wagen

Das Badezimmer sucht man relativ regelmäßig auf, daher ist es schon einmal sehr wichtig, dass es stets frisch und sauber ist und angenehm riecht. Ein Hauch von Luxus ist niemals fehl am Platz. Die Renovierung eines Badezimmers gleicht einem vielteiligen Puzzle, das hinterher wieder millimetergenau zusammengesetzt werden muss. Natürlich kann man sich dabei fachlichen Rat und Unterstützung holen, aber lassen Sie eigene Ideen dabei nicht außer Acht. Denn am Ende sind Sie es, die sich hier wohl fühlen sollen. Hier zeigen wir Ihnen ein paar sehr kreative und unkonventionelle Lösungen, zum Beispiel einen Waschtisch aus Schiefer sowie ein Waschbecken aus Beton und Spiegelscherben.

Originelle Lösungen

Das Waschbecken muss kein Standardmodell vom Kücheneinrichter sein. Eine Kommode, ein antiker Schreibtisch, ein schöner Tisch – ja, sogar ein Nähmaschinengestell oder eine Ladentheke eignen sich als Waschbeckenstand. Man muss nur oben ein passendes Loch für Waschbecken und Wasserleitung einsägen. Oder montieren Sie das Waschbecken auf einen Sockel oder eine Konsole und ziehen darunter einen Vorhang, das wirkt sehr romantisch. Für große Familien empfehlen sich zwei Waschbecken.

Das neue Wachbecken muss nicht unbedingt eine klassische Porzellanversion sein. Handbecken aus Glas, Beton, Email und Marmor sorgen jeweils für eine völlig andere Stimmung im Badezimmer.

Dazu gehört selbstverständlich der passende Wasserhahn. Schauen Sie sich dafür nicht nur beim Badezimmerbedarf, sondern auch in der Küchenabteilung um, denn manchmal sind Küchenwasserhähne für Ihre Pläne wesentlich besser geeignet. Man kann zum Beispiel etwas schäbig aussehende, aber sonst noch brauchbare Wasserhähne mit Sandpapier etwas abschleifen, um ihnen eine nostalgische Patina zu verleihen – oder sie mit Sprühlack weiß färben.

SAVON AU NAPHTOL
CONTRE TOUTES LES AFFECTIONS DE LA PEAU
PHARMACIE CENTRALE DU NORD
134, Rue Lafayette, PARIS

Größere Veränderungen im Badezimmer wollen sorgfältig geplant sein. Natürlich ist Funktionalität am wichtigsten, doch sollte man dabei die Schönheit nicht außer Acht lassen. Lassen Sie sich dabei Zeit und brechen Sie nichts übers Knie. Tasten Sie sich in der Zwischenzeit mit stimmungsvollen Arrangements und Stillleben an den angestrebten Stil heran.

Seife, Badesalz und Körperpflegeprodukte kann man dekorativ in Drahtkörben, Keksdosen, Holzschalen und dergleichen aufbewahren und griffbereit neben Waschbecken und Badewanne stellen. Ein Stapel frischer Handtücher daneben – und schon fühlt man sich wie in einem Luxushotelzimmer. Grünpflanzen wirken belebend und Spiegel verändern das Raumgefühl. Ein großer Wandspiegel oder ein neues Möbelstück allein können schon das Gefühl vermitteln, das Bad sei von Grund auf renoviert worden! Denken Sie „französisch" und möblieren Sie das Badezimmer!

Poudre des
Siccative, Adouci
SOUVERAINE contre le
inflammations
de la peau
USAGE EXTE
UITWEND

Schnelle und praktische Verwandlungstipps

Werten Sie das Waschbecken mit ein paar Kerzen und einem neuen Seifenspender auf. Sie können den alten Seifenspender auch neu bemalen oder bekleben und lackieren. Muss die Zahnbürste am Waschbeckenrand stehen oder kann man sie in einem dekorativen Schränkchen verwahren? Legen Sie im Gäste-WC ein paar schöne Steine oder Betonherzen in das Waschbecken, so wird das Händewaschen zu einer Augenweide!

Wenn man etwas anderes als Standard-Toiletten haben möchte, muss man oft ziemlich viel Geld investieren. Peppen Sie Ihre alte Toilette auf, indem Sie z.B. einen attraktiven Schrankknauf auf den Spülknopf kleben oder den Toilettendeckel neu lackieren und mit einer Decoupage verzieren.

Decoupage leitet sich ab aus dem Französischen und bedeutet „ausschneiden". Bilder und Motive werden aus Papier (z.B. Zeitungen, Zeitschriften oder Servietten) ausgeschnitten, auf eine Unterlage geklebt und anschließend lackiert. Je dünner das Papier, desto besser das Resultat. Eine beliebte Variante ist die Serviettentechnik.

Das Bad ist nun einmal von Natur aus nicht immer ein wohlriechender Ort, aber mit Potpourris, Duftkissen usw. kann man die Luftqualität doch erheblich verbessern. Ein griffbereit stehendes Duftspray ist ebenfalls eine gute Idee. Ein Körbchen mit wohlriechenden Gästeseifen ist so attraktiv wie praktisch.

Kiefern- und Fichtennadelöl

Ein wärmendes Öl, das man für Salben und Ölmischungen verwenden kann

500 ml Olivenöl
3 kleine Fichtenzweige
1 kleiner Kiefernzweig

Die Zweige in ein Gefäß aus Glas oder Edelstahl geben und mit dem Öl aufgießen. Das Gefäß 2 Stunden im Wasserbad auf schwacher Hitze ziehen lassen, dann das Öl filtern und in eine Flasche füllen.

Tipp: Reiben Sie sich vor dem Baden damit ein oder gießen das Öl direkt ins Badewasser.

Stillleben im Badezimmer

Wenn Sie in Ihrem Bad einen Duschvorhang benötigen, dann wählen Sie einen schlicht weißen, sofern er nicht alle Aufmerksamkeit auf sich ziehen soll. Transparente Vorhänge kann man von außen mit einem Spitzenstoff belegen. Inzwischen gibt es Plastikfolien vom Meter in so großer Auswahl, dass Sie vielleicht auch dort das Passende finden und mit der Nähmaschine zu einem Duschvorhang umfunktionieren können.

Strandfunde wie Treibholz, Muscheln und Steine, in einer Ecke zu stimmungsvollen Stillleben arrangiert, sorgen für ein wenig Urlaubsstimmung im Bad.

Investieren Sie in blütenweiße Handtücher! Das Badezimmer wirkt sofort frischer, wenn saubere weiße Handtücher an den Haken hängen oder ordentlich zusammengerollt im Regal bereit liegen. Viele Leute scheuen vor Weiß zurück, besonders, wenn Kinder im Haus sind – doch heute gibt es sehr effektive Waschmittel, sodass man sich über Flecken und Gilb keine Sorgen zu machen braucht.

Einzelne, nicht zu hoch angebrachte Regalbretter sind eine gute Lösung für kleine Badezimmer. Darauf kann man Handtücher, Seifen und Toiletteartikel griffbereit und dekorativ anrichten.

Ländlich

Romantiſch

Französisch

Shabby Chic

Weiß

Träume in Weiß

Badesalz

Duftendes Badesalz kann man leicht selbst herstellen.

Für Lavendelsalz mischen Sie Meersalz mit getrocknetem Lavendel und für Rosensalz mit getrockneten Rosenblättern und -knospen.

Noch intensiver duftet das Badesalz, wenn Sie ein paar Tropfen ätherisches Öl zugeben.

Fürs Haar

Wintermüdes, lebloses Haar kann man mit einer Haarpackung beleben. Dafür zwei bis drei Eigelbe mit etwas Olivenöl gut verrühren und gründlich bis zu den Haarwurzeln ins Haar einmassieren. 30 Minuten einwirken lassen, dann gründlich ausspülen.

Öl ins Haar zu geben, mag sich vielleicht komisch anhören. Doch die handelsüblichen Shampoos entziehen dem Haar oft allzu viel natürliches Fett, wodurch es spröde und glanzlos wird. Eine Ölpackung macht das Haar wieder glatt und glänzend.

Welches Öl?

- Olivenöl – für alle Haartypen
- Aprikosenkernöl – für trockenes Haar
- Sesamöl – für normales Haar
- Jojobaöl – für normales Haar und strapazierte Haarwurzeln

Rosmarin fördert den Haarwuchs; ins Badewasser gegeben, regt er die Blutzirkulation an. Machen Sie eine Haarpackung aus 100 ml Rosmarinnadeln (im Messbecher abmessen) und 200 ml kochendem Wasser. Nach dem Abkühlen bis in die Haarwurzeln ins Haar massieren und 30 Minuten einwirken lassen, dabei das Haar mit einem Handtuch bedecken. Gründlich ausspülen. (Nicht für helles Haar empfohlen).

Fürs Gesicht

Beruhigende Maske

Joghurt und Honig zu gleichen Teilen mischen, aufs Gesicht auftragen und 20 Minuten einwirken lassen, dann mit warmem Wasser abspülen.

Für die reife Haut

1 Teelöffel Honig mit 2 Tropfen Zitronensaft und 2 Tropfen Essig verrühren und wie oben verwenden. Wirkt reinigend und adstringierend.

Shabby Chic

So trimmen Sie moderne Möbel auf nostalgisch: tragen Sie zuerst mehrere Schichten schwarze Farbe, danach mehrere Schichten weiße Farbe auf. Dann bearbeiten Sie das Möbelstück vorsichtig an den Kanten, bis sich dort die gewünschte „Alterspatina" gebildet hat. Eine nützliche Daumenregel: lieber zuviel, als zuwenig! Sollen die Möbel Feuchtigkeit aushalten, nehmen Sie Ölfarbe, ansonsten reicht Anstrichfarbe auf Wasserbasis völlig aus. Wenn Sie sich erst einmal mit der Technik vertraut gemacht haben, können Sie bestimmt bald nicht mehr damit aufhören! Doch aufgepasst: Plastik hat bei „Shabby Chic" nichts zu suchen!

Der Hauswirtschaftsraum

Der Hauswirtschaftsraum wird oft noch schäbiger behandelt als das Badezimmer, was eigentlich schade ist. Aber es ist nun einmal Tatsache, dass kaum jemand das leidige Waschen und Trocknen als angenehme Aufgabe empfindet. In einer schönen Umgebung jedoch macht die Arbeit gleich viel mehr Spaß – besonders, wenn man bedenkt, wie viele Stunden man darin zubringt?

Flecken entfernen

Heidelbeeren

Das Kleidungsstück einen Augenblick in verdünnte Dickmilch oder Schwedenmilch einweichen und wie gewöhnlich waschen.

Blut

Den Stoff in kaltem Wasser einweichen und Salz auf den Fleck streuen. Dann den Fleck mit Seife oder Waschmittel einreiben und wie gewohnt waschen.

Kaffee und Tee

Hier gilt es, schnell zu reagieren! Den Stoff sofort in kaltem Wasser einweichen. Angetrocknete Flecken in kochendes Wasser tauchen (sofern es der Stoff verträgt), dann Waschmittel mit Bleichmittel verwenden.

Ketchup, Tomate oder Tomatensauce

Wasser und Glycerin zu gleichen Teilen mischen und den Stoff darin 1 Stunde einweichen. Dann enzym- und bleichmittelhaltiges Waschmittel verwenden.

Kerzenwachs

So viel Wachs wie möglich aus dem Stoff brechen. Dann den Fleck zwischen zwei Kaffeefiltern oder zwei Schichten Löschpapier oder Küchenpapier bügeln. Verbleibende Reste mit Terpentinersatz befeuchten und mit Seife einreiben.

Rotwein

Den Fleck, wenn möglich, sofort mit Weißwein übergießen, sonst mit Salz oder Kartoffelmehl bestreuen. Vorher möglichst mit Zitronensaft beträufeln. Ausspülen und wie gewöhnlich waschen, wenn möglich mit bleichmittelhaltigem Waschmittel.

Schnelle Verwandlungstipps

Bewahren Sie Waschmittel in schönen Flaschen, Krügen und Karaffen auf. Waschpulver gibt es manchmal in attraktiven Blechdosen zu kaufen – wenn nichts für Sie dabei ist, nehmen Sie einfach eine andere Dose, die in das Farbschema passt!

Dekorieren Sie den Hauswirtschaftsraum mit antiken Bügeleisen, Bügelbrettern und Haushaltgerätschaften. Behängen Sie die Wände mit Omas Nachthemden und Spitzenunterwäsche auf Drahtbügeln oder mit Wäscheklammern an einer ausgespannten Leine befestigt. Waschmaschine und Trockner können durch eine hölzerne Arbeitsfläche verbunden und einen daran angebrachten Vorhang kaschiert werden. Offene Regale sind hier besonders praktisch, denn so haben Sie Bügeleisen, Wasserspritzer und andere nützliche Dinge stets in Griffnähe.

"Wer will fleissige Waschfrauen sehn ..."

Küche & Essplatz

Am Küchentisch spielt sich ein großer Teil der häuslichen Aktivitäten ab: Essen, Mahlzeiten zubereiten und Kuchen backen, Hausaufgaben machen, Kaffee trinken... Daraus ergibt sich schon von selbst, dass die Küche vor allem funktionell sein soll. Schönheit muss hier oft aus praktischen Gründen weichen, oder zumindest kommt das vielen so vor. Der beste Ansatz für die Einrichtung ist hier der Leitsatz: „Stauraum ist das A und O." Doch ganz so trist, wie sich das anhört, ist das Thema gar nicht. Es geht hier vor allem darum, mit dem Konzept Stauraum zu experimentieren. So könnte das Kaffeegeschirr zum Beispiel dekorativ gestapelt, komplett mit Teelöffeln und Kuchengabeln, Milchkännchen und Zuckerdose auf einem Silbertablett auf der Anrichte stehen. Küchenhandtücher werden in einem an die Wand gehängten Korb verwahrt; Teller, Tabletts, Tassen, Trinkbecher und Weingläser präsentieren sich in offenen Regalen. Antike Tellerregale sind dafür eine besonders schöne Lösung. Papier und leere Verpackungen werden in Körben für das Recycling vorsortiert. Auch Obst und manche Gemüsesorten wie Kartoffeln oder Zwiebeln können gut in Körben aufbewahrt werden.

Die stimmungsvollen Fotos in diesem Kapitel sollen Ihnen zeigen, wie unterschiedlich und doch immer wieder schön man mit diesem Thema umgehen kann.

Offene Regale

Wenn Geschirr und Küchengerät offen sichtbar verwahrt wird, dann sollte man stilistisch eine Art roten Faden erkennen können, sonst wirkt das Ergebnis schnell unübersichtlich und zugestellt. Das Material des Mobiliars sollte zusammenpassen – zum Beispiel Messing und Porzellan, Kupfer und Schmiedeeisen, Rattan und Glas, Zink und Korbgeflecht, Holz und Bauernsilber. Stellen Sie Geschirr und Gerätschaften je nach Anwendungszweck in Gruppen zusammen, ebenso wie dekorative Einzelstücke, anstatt sie über die ganze Küche zu verteilen.

Kleine Kuchen mit Kümmel

500 ml Milch
50 g Hefe
1/2 TL Salz
50 ml Sirup
1–2 EL gemahlenen Kümmel
300 ml grobes Roggenmehl
100 ml Weizenmehl

Die Milch auf Handwärme erhitzen. Die Hefe mit etwas Milch in der Schüssel verrühren, dann die restliche Milch zugeben. Dann Salz, Sirup, Kümmel und Roggenmehl und zuletzt das Weizenmehl zugeben und alles zu einem glatten Teig verrühren. Zugedeckt 30 Minuten gehen lassen.

Den Teig nochmals auf der Arbeitsfläche durchkneten und halbieren. Jede Partie zu runden Laiben formen und ca. 1/2 cm dick ausrollen (etwa 8 cm Durchmesser) und mehrmals mit einer Gabel einstechen. Wer mag, kann in die Mitte noch ein Loch einarbeiten. Die Kuchen auf ein mit Backpapier ausgelegtes Backblech legen und zugedeckt nochmals 30 Minuten gehen lassen, sodass sie etwa doppelte Größe haben. Auf der mittleren Schiene bei 250 °C 6–7 Minuten goldgelb backen und zugedeckt auf dem Kuchengitter abkühlen lassen.

Farben und Nuancen

Beim französischen oder romantischen Stil kommt es auf die Nuancen an. Am einfachsten ist es, sich an der Grundfarbe Weiß zu orientieren und hier und da Akzentfarben zuzufügen. Soll der Stil ländlich oder romantisch sein, dürfen die Akzentfarben jedoch nicht zu grell und leuchtend sein, vielmehr sollte über den Farbtönen eine leichte „Patina" liegen.

Fußboden, Decke und Wände sind die dominanten Elemente eines Raumes, daher sollte ihre Farbe mit Bedacht gewählt werden. Sie sind sozusagen die Leinwand, auf der sich das Wohnen abspielt. Finden Sie Ihre Heizkörper hässlich und zu dominant? Dann investieren Sie entweder in Heizkörperverblendungen oder streichen sie einfach in der Wandfarbe, damit sie optisch zurückweichen. Allzu neue Möbel bekommen einen Hauch von Alterspatina, indem man Ecken und Kanten vorsichtig mit Sandpapier abschleift oder sie ein paar Wochen nach draußen stellt.

Ruhige Wohlfühl-Farben

Romantische Küche

Denken Sie an alles, was Sie in der Natur romantisch finden: vielleicht Mandelblüten, Zierwicken, Flieder, englische Rosen oder Margeriten? Pflücken Sie einen Strauß ihrer Lieblingsblumen – und schon haben Sie eine Farbkarte für Ihr Zuhause! Und wenn es um Romantik geht, sind Rosen daraus einfach nicht wegzudenken!

Eine wunderbar zart-romantische und zugleich belebende Fabkombination ist Weiß mit zarten Nuancen von Rosa und Grün.

Zur Romantik passen handgewebte Stoffe, Stickereien und Spitzen, doch auch der bunte Mustermix des Patchwork-Stils: Blumen, Karos, gestreift und gepunktet. Solange die Farbtöne miteinander harmonieren, kann man die Muster wirklich wild zusammenwürfeln! Verwenden Sie Blumenmuster, Stickereien und Spitzen jedoch sparsam, damit das Gesamtergebnis nicht zu überladen wirkt. Sie können die Akzentfarben auch von Jahreszeit zu Jahreszeit ändern.

Küchenambiente in neuer Umgebung

Blumenkrüge, Läufer, Tischdecken, Tabletts, Küchenhandtücher und Porzellan sind klassische Stimmungselemente. Schauen Sie sich Ihren eigenen Fundus genau an. Sie werden erstaunt sein, mit wie wenig Aufwand man – nur durch das Austauschen bestimmter Details – einen Raum von Grund auf verändern kann. Tassen geben wunderbare Vasen für kleine Sträußchen ab, aus Flickenteppichen werden Tischläufer oder Wandbehänge, Küchenhandtücher eignen sich als schicke Stoffservietten oder Tischdecken, Blumenkrüge werden zu Behältern für Bestecke und Küchenutensilien und eine besonders schöne Küchenschürze kurzerhand als Farbakzent an die Wand gehängt. Schauen Sie sich alles mit neuen Augen an, lassen die Fantasie spielen und experimentieren Sie frei drauflos – auch, wenn Ihnen manche Sachen zuerst verrückt vorkommen.

Küchenhandtücher zum Beispiel sind enorm vielseitig verwendbar. Man kann daraus Tischdecken, Kissen- oder Stuhlbezüge nähen. Eine alte Holz- oder Spiegeltür auf Holzböcke oder alte Kisten gelegt, ergibt einen wunderbaren Tisch. Auch Nähmaschinengestelle oder Kommoden lassen sich so zweckentfremden. Der Zauber liegt im Detail: Dekorieren Sie den gedeckten Tisch mit frischen Rosenblättern oder klemmen Sie einen Christbaumkerzenhalter an den Tellerrand, sodass für jeden Gast eine Kerze brennt – oder verstecken Sie ein kleines Geschenk in der Stoffserviette.

Für frischen Blumenschmuck und brennende Kerzen, das gute Porzellan und die Kristallgläser braucht man nie einen Anlass!

Ländliche Herzen

Ergibt 30–40 Stück
100 g Butter
150 ml Weizenmehl
100 ml saure Sahne
ca. 100 ml Zucker

Butter und Mehl miteinander verreiben. Die saure Sahne zugeben und alles zu einem glatten Teig verarbeiten. 30 Minuten in den Kühlschrank stellen, dann auf einem leicht bemehlten Backbrett dünn ausrollen, dabei zum Schluss mit Zucker bestreuen. Herzen ausstechen und auf ein mit Backpapier ausgelegtes Backblech legen. Auf der mittleren Schiene bei 225 °C 5 Minuten goldbraun backen. Auf dem Kuchengitter abkühlen lassen.

Die ländliche Küche

Denken Sie bei „Küche“ an frisch gebackenes Brot, gekochte Eier, duftenden Kaffee und Zimtbrötchen? Dann ist vielleicht der ländliche Stil das Richtige für Sie.

Heute gibt es modernste Küchenmöbel und -geräte im nostalgischen Stil, sodass Sie dabei auf modernen Komfort und Funktionalität nicht zu verzichten brauchen. Zum Landhausstil gehört viel Holz – und natürlich massenweise Körbe, die sich zu so ziemlich allem verwenden lassen.

Achten Sie darauf, dass die Grundfarben- und Materialien mit der restlichen Einrichtung harmonieren. Wir haben in diesem Buch durchweg Weiß als Grundfarbe gewählt, aber vielleicht sind für Sie robustere Töne geeigneter? Oliv- oder Birkengrün, warme Grautöne, Beige oder warme Erdtöne zum Beispiel eignen sich ebenfalls für ländliche Küchen.

Und nun zu den stimmungsvollen Details: Stapeln Sie die Kaffeetassen neben die Kaffeemaschine, lagern Marmelade (in altmodischen Bügelgläsern!), Zucker und Kekse (gern in Blech- oder Zinkdosen) griffbereit und dekorativ auf offenen Regalen, sodass sie stets zur Hand sind, wenn Besuch kommt. Vasen und Gläser oder Terrakotta-Blumentöpfe mit frischen Kräutern dürfen in der Landhausküche ebenfalls nicht fehlen.

Syltrutor
1,5 dl Socker

Tellerregale sind für die Landhausküche wie geschaffen. Man muss darin jedoch nicht unbedingt nur Teller unterbringen. Auch Silbertabletts, Bücher, Kerzenbündel oder Bestecke kommen dort gut zur Geltung. Es macht nichts, wenn die Möbel nicht mehr ganz neu sind oder die Stühle nicht zusammenpassen – im Gegenteil, mit abgestoßenen Ecken und Schrammen und kunterbunt zusammengesucht wirkt alles umso stilechter. Hier bekommen auch das alte Sofa oder Omas Küchenbank noch einen Ehrenplatz.

Gerahmte Küchenrezepte machen sich hier ebenso gut wie leere Bilderrahmen, an denen mit Haken allerlei Küchengerät aufgehängt wird. Blätter aus einem Herbarium oder selbst gesammelte und gepresste Blumen und Kräuter oder alte Seifenreklamen sind ebenfalls schöne Bildmotive für die Küche.

Denken Sie kreativ beim Platzieren von Bildern. Diese müssen nicht unbedingt mitten an der Wand hängen. Man kann sie auch hoch oder tief hängen, gegen die Wand lehnen, auf eine Bilderleiste stellen, an einer Schranktür befestigen oder mit Griffen versehen als Tabletts verwenden. Grundsätzlich ist der Gesamteindruck homogener, wenn man Bilder in einer Gruppe arrangiert, anstatt sie überall im Raum verstreut anzubringen.

Einfarbiges Küchengeschirr in verschiedenen Weisstönen, Silberbesteck und schöne Gläser sind viel zu schön, um sie in den Schränken zu verstecken. Auf Antik- und Flohmärkten kann man seine Sammlung nach und nach erweitern und ergänzen.

Offene Aufbewahrung ist ein typisches Merkmal der ländlichen Küche. Bringen Sie über der Arbeitsfläche eine Querstange mit Haken für Töpfe, Kräuterbündel und Küchenutensilien an – oder wie wäre es mit einem Stück Hühnerdraht? Warten Sie mit dem Demontieren Ihrer bestehenden Küche, bis Sie sich absolut sicher sind, welchen Stil die neue haben soll. In der Zwischenzeit kann man sich mit Kreativität und Improvisationsvermögen dem gewünschten Stil annähern. Befindet sich hinter dem Herd zum Beispiel ein allzu moderner Spritzschutz, dann kleben Sie doch einmal Magneten dahinter und befestigen daran Küchen- oder Ausstechförmchen aus Blech. Stimmt die Fliesenfarbe absolut nicht? Es gibt heute recht gute Fliesenfarbe zum Übermalen des Schandflecks sowie selbstklebende Fliesenmotive in großer Auswahl (erkundigen Sie sich im Farbenhandel).

Wenn sich der Fußboden nicht verändern lässt, können Sie ihn mit Teppichen oder Läufern bedecken oder neu streichen. Küchenschränke kann man neu streichen, tapezieren oder bekleben – zum Beispiel mit Texten, Motivtapeten oder Decoupagemotiven. Selbst die Tür- und Schubladengriffe kann man möglicherweise austauschen.

Egal, für welchen Einrichtungsstil Sie sich am Ende entscheiden – romantisch, ländlich oder französisch – das Wichtigste ist, dass die Küche Ihrer Persönlichkeit entspricht. Schließlich sind Sie es, die sich dort wohlfühlen soll! Überlegen Sie sorgfältig, ob Sie einen quadratischen, rechteckigen oder runden Tisch brauchen, ob dort ein Küchensofa oder eine Bank Platz finden soll und aus welchem Material die Stühle bestehen sollen. Ist die Küche ein Gemeinschaftsraum, in dem sich die Familie tagsüber aufhält – oder soll hier ausschließlich gekocht werden, da Sie über ein separates Esszimmer verfügen?

Eine Küchenrenovierung ist oft eine kostspielige Angelegenheit. Daher sollten Sie sich genau darüber im Klaren sein, wie Ihre Traumküche beschaffen sein soll, bevor Sie das Projekt in Angriff nehmen. Lassen Sie sich nicht dazu verleiten, ein noch so attraktives Fertigkonzept zu übernehmen, wenn es nicht ganz auf Ihre persönlichen Bedürfnisse zugeschnitten ist. Nutzen Sie die Zeit der Planung, um eine Art Landkarte dessen anzulegen, was Ihnen vorschwebt, indem Sie alles sammeln, was Sie Ihrer Idealvorstellung näher bringt: Fotos, Abbildungen, Farben, Stoffe, Materialien usw. Das wird dann später, wenn es ums Einrichten der fertigen Küche geht, zu Ihrer Richtschnur. Es muss übrigens kein fertiges Küchensystem sein. Eine schöne Anrichte oder eine alte Vitrine wird zum Geschirrschrank, ein großer Tisch gibt eine wunderbare Kücheninsel ab und ein altes Nähmaschinengestell mit einer Glasplatte wird zum Beistelltisch. Wenn Sie Geschirr und Gerätschaften nicht offen sichtbar verstauen wollen, gibt es viele Möglichkeiten, selbst Glastüren blickdicht zu machen, zum Beispiel mit Spitzengardinen, Selbstklebefolie, Tapete oder Frostspray.

Die Wahl der Farbe ist natürlich einer der wichtigsten Gesichtspunkte überhaupt. Weiß ist immer eine gute Alternative, denn es lässt sich problemlos mit jeder anderen Farbe kombinieren. Sie können je nach Jahreszeit eine andere Akzentfarbe für die Accessoires wählen. Im Frühling und Sommer etwa mit Hellgrau, sanften Grünschattierungen, Cremegelb, Rosa oder hellem Graublau. Im Herbst oder Winter nehmen Sie Meerblau, Graubraun, Graublau oder Seegrün.

Schon das Entfernen von ein paar Schranktüren, um das beste Glas und Porzellan besser zur Schau zu stellen, kann das Aussehen der Küche nachhaltig verändern. Sind die Fliesen nicht mehr schön, können sie mit Fugenstift oder Fliesenfarbe aufgefrischt werden.

Für einen Hauch von Eleganz hängen Sie einen Kristallleuchter über den Küchentisch. Für einen humorvollen Kontrast zur romantischen Nostalgie sorgen Akzente im industriellen Stil, zum Beispiel Metallstühle oder -lampen.

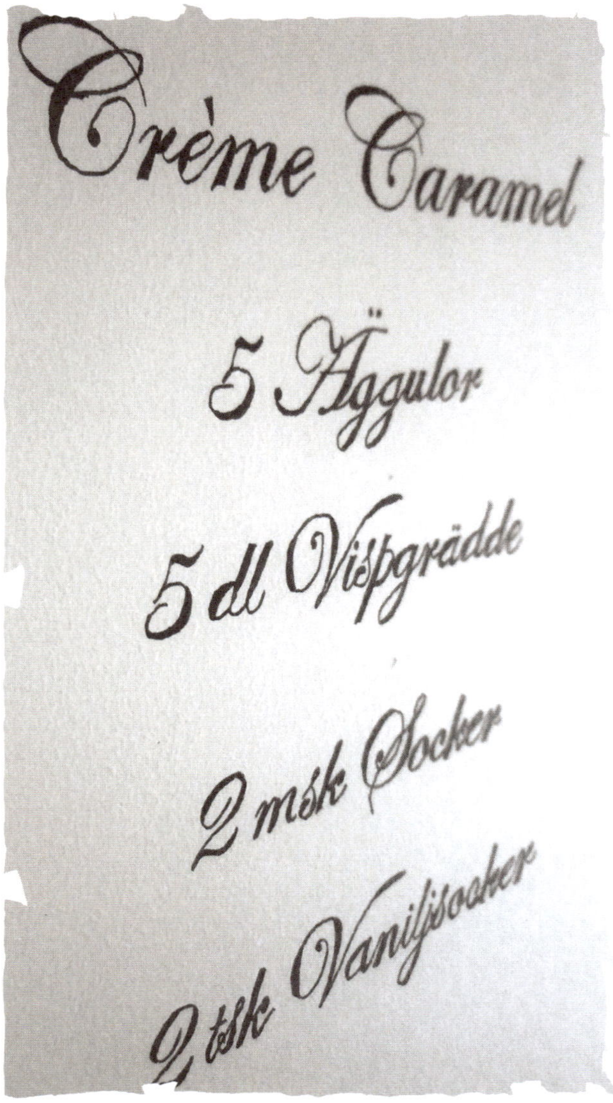

Schnelle Verwandlungstipps

Schauen Sie sich Ihre Fenster an: Brauchen Sie wirklich Gardinen davor? Wenn es um den Sichtschutz geht, gibt es eine Reihe von interessanten Alternativen. Cafégardinen, Fensterläden oder hohe Stillleben auf der Fensterbank, eine Bespannung mit individuell dekoriertem Hühnerdraht erfüllen diese Funktion ebenso gut wie Gardinen. Auch hier gibt es kein Richtig oder Falsch – die Hauptsache ist, dass es Ihnen persönlich gefällt.

Mit Schablonenmalerei kann man seiner Umgebung eine sehr persönliche Note verleihen. Schauen Sie sich genau um, und schon bald werden Sie sehen, welche Ecken des Raumes von einer Dekoration profitieren können: Möbelstücke, Türen, Fußböden, Leisten und Fliesen – die Möglichkeiten sind unbegrenzt. Wir werden Ihnen weiter hinten im Buch ein Paar Anregungen zu dieser Technik geben. Schablonen gibt es inzwischen in großer Auswahl in Bastelgeschäften zu kaufen, aber Sie können sie auch selbst herstellen. Schreiben Sie zum Beispiel Texte in der gewählten Schriftart- und Größe auf dem Computer, drucken sie aus und zeichnen sie auf Karton durch.

Getäfelte Wände sind ideal für die Stilrichtungen, die wir Ihnen in diesem Buch zeigen. Ob Sie die Wände in voller Höhe oder nur halbhoch, längs oder quer täfeln, richtet sich nach Geschmack und Platzangebot.

Haben Sie die Möglichkeit, draußen vor dem Küchenfenster Balkonkästen anzubringen? Dann können Sie sich dort einen kleinen Küchengarten anlegen. Das ist so dekorativ wie praktisch.

ERRY CAKES
MJÖL
SMULTRO

Hier hat der Hausbesitzer die schöne alte Ziegelmauer freigelegt, um seiner Küche eine ländlich-nostalgische Note zu geben.

Kissen machen jeden Raum einladend – es wäre schade, sie nur aufs Bett oder aufs Sofa zu beschränken. In Küche und Esszimmer lockern sie die Atmosphäre auf und wirken gemütlich. Lehnen Sie die Kissen gegen den Stuhlrücken und überhäufen Sie Sofa oder Küchenbank damit. Die Farbe der Kissenbezüge können den ganzen Raum verändern. Gekaufte Kissen oder Kissenbezüge sind oft sehr teuer – versuchen Sie sich doch einmal damit, einfache Kopfkissen aufzupeppen, zum Beispiel durch Aufbügelmotive oder Spitzenkanten. Witzig ist es auch, Muster aus kunterbunten Knöpfen aufzunähen. Auf dem Flohmarkt findet man mit etwas Glück alte Paradekissen mit Spitze, Stickereien oder Monogramm.

Durch einfaches Austauschen der Schrankgriffe kann man das Aussehen der Küche völlig verändern! Es gibt heute im Baumarkt eine Riesenauswahl von Schrankgriffen und -knöpfen in allen Preislagen. Wenn es geht, kann man die Griffe auch neu streichen oder durch ganz anderes Material ersetzen, zum Beispiel durch Taustücke.

Blumen und Pflanzen bringen Leben in den Raum. Kleine Körbe oder Holzkästen geben sehr schöne Übertöpfe ab. Ein Arrangement aus mehreren Pflanzen in verschiedenen Höhen wirkt lebendiger. Stellen Sie das Ganze auf ein hübsches Tablett, dann lässt es sich leichter umstellen und sauberhalten. Wer mag, arrangiert ein Stillleben mit Steinen, Kerzen oder anderen dekorativen Gegenständen darum herum. Auf unseren Bildern finden Sie reichlich Anregungen dafür.

Küchenstühle lassen sich auf verschiedene Weise verschönern, zum Beispiel mit Stoffüberzügen oder Stuhlkissen. Vergessen Sie auch die Stuhllehne nicht: Dort kann man nicht nur Kissen, sondern auch, je nach Laune oder festlichem Anlass, Blumenkränze, Sträußchen oder kleine Dekorationen befestigen.

Früher befand sich in fast jedem Haushalt eine Anrichte. Heute kann man mit Beistelltischen, Kommoden oder alten Schreibtischen improvisieren. Auf der Anrichte haben nicht nur Geschirr oder Getränke Platz, sondern tausenderlei andere schöne Dinge. Schauen Sie sich unter Ihren Habseligkeiten um – es wird sich bestimmt etwas finden, das Sie gern besonders zur Schau stellen möchten.

Der festlich gedeckte Esstisch hat auch Platz für einen großen Blumenstrauß oder eine Ansammlung von kleinen Sträußen oder Einzelblumen, Gruppen von Kerzenleuchtern – je unterschiedlicher, desto charmanter. Kissen auf den Stühlen sorgen für Gemütlichkeit. Präsentieren Sie das Menü auf dem Tisch in einem hübschen Rahmen oder auf einer Schiefertafel.

Philadelphia, Pa.
Received of

Willkommen

FIKA
Skafferi
Hjortron i Cognac
OLD SHEFFIELD VILLAGE
Cookies
Cheese

Die Speisekammer

Früher gehörte eine Speisekammer einfach dazu. Heute, im Zeitalter der Kühl- und Gefrierschränke, sind sie zu einer Seltenheit geworden. Sie können diese schöne Tradition jedoch mit etwas Planung bei sich wieder aufleben lassen. Doch nicht jeder hat das Glück, über einen passenden Nebenraum zu verfügen. Wenn es möglich ist, können Sie einen großen Schrank oder eine Vitrine dafür verwenden.

Wenn Sie genügend Platz dafür haben, bringen Sie Haken für getrocknete Kräuter oder Küchengerätschaften wie Scheren, Siebe und Weinöffner an, die schnell zur Hand sein sollen.

Verbrämen Sie die Kanten von offenen Regalen mit Spitze oder Borte und legen die Regalböden mit hübschem Schrankpapier aus – dadurch lassen sie sich auch besser sauber halten.

Regale sind für feine Dinge wie Marmelade und Eingemachtes wie geschaffen. Kleben Sie selbstgemachte Etiketten mit genauem Datum auf, damit Sie den Überblick nicht verlieren.

Verwahren Sie die Lebensmittel, wenn möglich, in schönen Krügen, Kisten und Kästen. Mehl- und Zuckerpakete stehen sicher und dekorativ in eigens dafür genähten Stoffsäckchen.

Für Flaschen gibt es Sammelkörbe aus Draht oder Flaschengestelle aus Holz oder Metall. Darin lassen sich nicht nur Wein- und Saftflaschen lagern, sondern auch Öl, Sirup oder Brausegetränke.

Kochlöffel und andere Küchenutensilien stehen hübsch und griffbereit in alten Krügen, Kruken oder Teebechern. Leinenhandtücher mit Monogramm sorgen für einen Hauch von Luxus in der Küche.

Wer Platz hat, kann größere Sachen wie Töpfe, Pfannen, Körbe, Tabletts und Schneidebretter mit S-Haken an einem an der Decke angebrachten Rost oder einer Stange aufhängen.

Gewürzmischung

1½ TL Salz
1TL Knoblauchpulver
2 TL Chilipulver
1 TL Kreuzkümmel
1 TL Zwiebelpulver
2 Prise Cayennepfeffer
2 TL Paprika

Alle Zutaten in eine Dose mit Schraubverschluss geben und kräftig schütteln, damit sich alles gut mischt. Passt zu vielen Gerichten.

Schlafraum

Eine Atmosphäre der Ruhe und Entspannung im Schlafzimmer sorgt für erholsamen Schlaf und schöne Träume. Vermeiden Sie, im Schlafzimmer zu arbeiten, denn durch die Gegenwart von Computer und Arbeitsunterlagen kommen Sie abends nicht richtig zur Ruhe. Das Schlafzimmer sollte ein Ort der Harmonie, der Ruhe und Schönheit sein. Überlegen Sie zuerst einmal, welche Farben, Materialien und Symbole für Sie selbst Ruhe, Harmonie und Entspannung ausstrahlen, dann haben Sie den ersten, wichtigsten Schritt schon getan.

Auf den folgenden Seiten zeigen wir Ihnen, wie man das Schlafzimmer mit ein paar Kniffen und viel Liebe zu einer Oase der Ruhe machen kann – für Erwachsene wie auch für Kinder.

Wenn Sie über genügend Platz verfügen, empfiehlt sich eine dekorative Ablagebank, auf der nachts die Überdecken und Zierkissen Platz haben.

Süsse Träume

Ergibt 40–50 Kekse, die auf der Zunge zergehen

75 g frische Luft (Butter, auf Zimmertemperatur)
100–150 ml Lavendelduft (Zucker)
50 ml Harmonie (Speiseöl)
250 ml Liebe (Mehl)
½ TL Rast (Hirschhornsalz)
1 Msp Ruhe (Vanillezucker)

Backtemperatur: 150 °C

Butter und Zucker schaumig rühren, dann das Öl zugeben und weiter kräftig rühren. Mehl, Hirschhornsalz und Vanillezucker mischen und in die Butter-Zuckermasse geben (gern im Mixer). Den Teig zu Rollen formen, in kleine Stücke schneiden und diese zu Kugeln rollen. Auf ein gefettetes oder mit Backpapier ausgelegtes Backblech legen und auf der mittleren Schiene etwa 15 Minuten backen, bis die Kekse goldgelb und leicht aufgesprungen sind.

Schokoladenträume

50 ml Mehl durch die gleiche Menge Kakaopulver ersetzen

*Arrangieren Sie Stillleben mit antiker Spitzenwäsche,
Taufkleidchen, Tüchern, Kerzen, Bildern,
Blumen und hübschem Klimbim.*

Wenn Ihr Bett kein aufwändig gestaltetes Kopfende hat, improvisieren Sie einfach: Mit einer antiken Holzbank, einem Stück Lattenzaun, einer Spiegeltür, einer schönen Stoffdecke oder einem dekorativen Paravent!

Rüschen Sie alte Lampen mit selbst genähten Schirmen auf – aus weißem Stoff und Spitzenborte oder aus einem alten Paradekissen!

Nehmen Sie den alten, verschlissenen Lampenschirm als Schnittmuster oder peppen den vorhandenen Schirm etwas auf. Mithilfe von Transferpapier (aus dem EDV-Fachgeschäft oder Zeichenbedarf) kann man Motive oder kalligrafische Texte auf Stoff aufbügeln und anschließend auf den Lampenschirm aufkleben. Ist der Schirm noch schön, aber zu langweilig, nähen Sie untenherum Perlenborten, Quasten oder Glitzersteine an.

Alles an seinem Platz

Im Schlafzimmer lässt man abgelegte Kleidung oft überall herumliegen. Warum nicht einmal eine alte Holzleiter zum stummen Diener umfunktionieren? Ein Garderobenständer ist ideal zum Aufhängen von Morgenrock, Nachthemd und einem Stoffsäckchen mit den Hausschuhen. Schöne alte Körbe, Koffer und Hutschachteln verbergen allerlei nützliche Dinge, die nicht ständig gebraucht werden.

Ein schöner Beistelltisch

Ein altes, gusseisernes Nähmaschinengestell lässt sich mit einer Tischplatte, z.B. aus Holz, Marmor oder Glas, hervorragend zu Wasch- oder Beistelltischen umfunktionieren. Wer will, kann es passend zur Einrichtung farbig ansprühen.

Düfte mit entspannender Wirkung

Duftkerzen erfüllen den Raum mit Zimt-, Lavendel-, Jasmin-, Vanille- oder Zederndu ft!

Liebestrank

3 Teile Rosenblätter
1 Teil Gewürznelken
1 Teil Muskatnuss
1 Teil Lavendel
1 Teil Ingwer

Alle Zutaten in Wasser aufkochen lassen und 5–10 Minuten ziehen lassen. Diesen „Liebestrank" kann man entweder pur trinken oder mit normalem Tee mischen.

Wenn Sie sich bei der Einrichtung Ihres Zuhauses für einen durchgehenden Stil entscheiden, sollte auch das Kinderzimmer nicht vergessen werden. Der helle Grundton der hier gezeigten Interieurs wird dabei im Kinderzimmer fortgesetzt. Das bildet einen wunderbaren Hintergrund für die lebhaften Farben von Spielzeug und Accessoires. Da Kinder sehr schnell wachsen und sich ihre Interessen dementsprechend verändern, wird auch das Spielzeug laufend ausgetauscht. Das Zimmer sieht dadurch immer wieder neu aus, ohne, dass Sie wesentliche Details verändern müssen. Zusammengesuchtes Mobiliar wirkt gerade im Kinderzimmer wunderbar romantisch und abenteuerlich.

Decken aus Daunen, weicher Wolle, gehäkelte Bettüberwürfe und Patchworkdecken machen das Kinderzimmer kuschelig und laden zum Bettenburgenbauen ein. Wandhaken und Hakenbretter sind ideal zum Aufhängen der Lieblingsverkleidungen – zum Beispiel das Spiderman-Kostüm oder das Prinzessinnenkleid. Im Kleinkinderzimmer wird das Taufkleid zur zarten Dekoration. Turnschuhe, Nachtzeug und Sportkleidung hat in selbstgenähten Stoffbeuteln Platz. Als Wanddekoration dienen vielleicht zuerst Fotos oder Illustrationen aus alten Kinderbüchern und Zeitschriften – bis die Kinder groß genug sind, ihre eigenen Kunstwerke zu zaubern. Eine Schiefertafel zum Malen ist wichtig. Schön ist auch ein Nostalgieregal, auf das die Schätze der Generationen kommen: die Urgroßeltern im Silberrahmen, Opas Spielzeugautos und Mamas erste Schuhe – und bald schon ein Lieblingsstück der jetzigen Generation. Auf einem Tellerregal neben dem Bett haben die Lieblingsbilderbücher ihren Platz, ohne herunterzurutschen. Die Spielsachen werden abends in großen Körben, Holz- oder Plastikkisten verstaut. Ein altes Sideboard, ein Bücherregal oder ein alter Wäscheschrank kommen als Spielzeugschrank wieder zu Ehren.

"Ich bin ein Kind und das hier ist mein Heim,
also ist es ein Kinderheim."
Pippi Langstrumpf

(Astrid Lindgren, Verlag Friedrich Oetinger, Hamburg)

Lustige Dekorationen
erheitern Gross und Klein.

Schnelle Tipps

Machen Sie die Vorlieben und Lieblingsbeschäftigungen der Kinder zum Einrichtungsthema – zum Beispiel Fußball, Autorennen, Pferde oder Prinzessinnen...

Sortieren Sie regelmäßig – gern gemeinsam mit ihrem Kind – all die Spielsachen aus, die es nicht mehr verwendet. Diese Sachen werden dann entweder an Hilfsorganisationen gespendet oder an jüngere Kinder im Bekanntenkreis verschenkt. Dadurch lernt das Kind, sich von Dingen zu trennen und seine Schätze zu teilen.

Hängematten und -stühle haben nicht nur im Garten und auf der Terrasse Platz, sondern sind gerade im Kinderzimmer ein ganz besonderer Spaß.

Rollen unter den Möbeln sind praktisch, da man Tische und Stühle dadurch leicht bewegen und umstellen kann. Sie sollten jedoch unbedingt feststellbar sein!!

Witzige Details sind besonders im Kinderzimmer wichtig. Tauschen Sie zum Beispiel langweilige Möbelgriffe durch bunte und originelle Griffknöpfe aus dem Baumarkt oder dem Möbelgeschäft aus – oder zweckentfremden Sie ein paar Spielfiguren oder kleine Spielzeuge dafür!

Nähen Sie die Bettwäsche passend zur Einrichtung – entweder aus Baumwollstoff, den Sie mit dem Kind zusammen ausgesucht haben oder aus einfarbigem Stoff, der nach Geschmack dekoriert wird. Es gibt viele Möglichkeiten: Applikationen, Schablonenmalerei mit Stofffarbe, Aufbügelmuster oder Transferdruck.

Anziehsachen und Tücher zum Verkleiden, Carrera-Rennbahn oder Eisenbahn, Legosteine, Playmobil und Bücher können in schönen alten Metall- oder Lederkoffern und Blechkisten verstaut werden.

Ein Tisch zum Schreiben oder Malen ist wichtig. Es muss gar kein Schreibtisch sein – warum nicht ein an der Wand befestigter Klapptisch, ein altes Nähmaschinengestell oder ein paar Holzböcke mit einer Tischplatte darauf?

lillprins hus

Nun solltet Ihr nach Hause gehen,

denn wenn ihr nicht nach Hause geht,
könnt ihr ja nicht wiederkommen.
Und das wäre schade."
Pippi Langstrumpf
(Astrid Lindgren,
Verlag Friedrich Oetinger, Hamburg)

Das Wohnzimmer

Das Wohnzimmer ist der Ort, an dem man sich auf seine ganz persönliche Weise entspannt. Vielleicht versammelt sich hier die Familie am Abend zum Plaudern und Spielen – oder vielleicht zieht sich jeder in seinen Lieblingssessel zurück, um ein Buch zu lesen oder einen Film zu sehen. Oberstes Gebot im Wohnzimmer ist daher die Bequemlichkeit – und die kann für jeden etwas anderes bedeuten.

Das Komplizierteste dabei ist die Unterbringung der Unterhaltungselektronik. Mit ein wenig Findigkeit kann man Fernseher, CD- und DVD-Spieler in Möbelstücken oder sogar einer alten Puppenstube unterbringen. Filme, CDs und Spiele haben in alten Kisten, Körben und Kästen Platz.

Schauen Sie sich in Ihrem Wohnzimmer um: Entspricht der Raum Ihren Komfort- und Erholungsbedürfnissen?

In den meisten Wohnzimmern gibt es ein oder mehrere Sofas und Sessel, einen Fernseher und vielleicht auch ein Bücherregal. Obwohl Fernsehen und Lesen die hier wohl am meisten ausgeübten Aktivitäten sind, empfiehlt es sich, diese nicht unbedingt optisch in den Vordergrund zu stellen. Ein mit technischen Geräten vollgestellter Raum lädt nicht unbedingt zur Entspannung ein. Versuchen Sie, diese so weit wie möglich zu kaschieren.

Die großen Möbelstücke müssen nicht unbedingt alle an der Wand entlang platziert werden. Wenn Sie über genügend Platz verfügen, stellen Sie das Sofa einmal quer vor eine Zimmerecke oder mitten in den Raum.

Die Kombination von alten, weiß gestrichenen und leicht abgestoßenen Möbeln und rustikalen Details mit zarten Stoffen sorgt für eine romantische, nostalgische Atmosphäre. Kombinieren Sie Spitze, Gusseisen, Zink, Korbgeflecht und alles, was weiß ist.

Lackierte oder geflieste Fußböden, verschlissene Möbel und Kristallleuchter beschwören die französische Bauernromantik herauf. Machen Sie eine originelle und wildromantische Krone selbst, indem Sie einen alten Eisenreifen an Ketten aufhängen und Kerzenleuchter – und nach Geschmack Glaskristalle und anderen Zierrat – daran befestigen. Wer keine Zeit hat, seine Möbel selbst auf alt zu trimmen, schaut sich im Antiquitätengeschäft oder auf dem Flohmarkt nach passenden Stücken um.

Topfpflanzen und Kübelgewächse auf dem Fensterbrett und auf dem Fußboden machen das Heim lebendiger – gut geeignet für diesen Stil sind Efeu, Muehlenbeckia, Eukalyptus, Leuchterblume, Olive, Lavendel, Myrte oder Rosmarin.

Eine alte, ausrangierte Tür, einfach gegen eine Zimmerecke gelehnt, dient nun als dekorativer Rahmen für eine selbstgemachte Kalligrafie. Engelsfiguren, Myrtenzweige, Efeuranken, Ketten und Kerzenleuchter machen das Stillleben komplett.

Conditien ende be
Joh Jans

Alt oder neu, elegant oder rustikal wird hier nach Herzenslust durcheinandergewürfelt. Das alte Sofa bekommt ein neues Gesicht durch Omas Häkeldecke oder einen Patchwork-Überwurf, der alte Sessel einen neuen, losen Stoffbezug. Wer nicht nähen kann, findet Stoffbezüge für Sofas und Sessel beim Einrichtungsbedarf.

Zu diesem Stil passen klassische Möbel mit leicht nostalgischen Rundungen am besten. Wer eine Chaiselongue ertrödelt oder geerbt hat, kann sie mit vielen weichen Kissen zu einem Sofa umfunktionieren!

Stockholms
Juridiska Affärsbyrå
Regeringsgatan 20 Stockholm.
INKASSERINGAR, RÄTTEGÅNGAR,

Verwenden Sie Naturmaterialien wie Leinen, Jutegewebe und Baumwolle für einen rustikalen, effektvollen Look. Zeitlose Stoffe von guter Qualität machen sich auf lange Sicht bezahlt.

Kaschieren Sie den häuslichen Technopark hinter stilechten Schranktüren. In diesem Eckschrank verbirgt sich ein riesiger TV-Bildschirm samt Zubehör.

Alte Sprossenfenster,
zur Trennwand umfunktioniert,
unterteilen den Raum,
ohne ihn zu beengen.

Jeder Winkel
des Raumes ist mit Liebe und
Sorgfalt eingerichtet.

Wenn man sich ausschließlich auf Weiß- und Naturtöne beschränkt, kommen die Feinheiten des Gewebes umso stärker zu Geltung. Die Akzentfarben sollten hier mit Sorgfalt ausgewählt werden, damit sie nicht erdrückend wirken. Durch die helle und lichtdurchflutete Atmosphäre des Raumes treten selbst Pastelltöne deutlich hervor, daher wirken hier leicht „schmutzige" Farbnuancen am harmonischsten. Die größten Flächen des Raumes sollten so hell wie möglich, am besten ganz in Weiß gehalten werden. Scheuen Sie sich nicht, auch Decke und Boden weiß zu streichen – durch das einfallende Licht zeigen sich immer wieder neue Weißschattierungen.

Viele Menschen befürchten, dass zuviel Weiß steril wirkt – doch die Bilder in diesem Buch werden Sie bald davon überzeugen, dass auch eine ganz in Weiß gehaltene Wohnung Wärme und Gemütlichkeit ausstrahlen kann!

Spass im Wohnzimmer

Armer schwarzer Kater!

Dieses uralte Gesellschaftsspiel ist immer wieder lustig: Alle Gäste sitzen mit ernstem Gesicht im Kreis zusammen. Einer hockt in der Mitte und spielt den Kater. Er gebärdet sich nun so jammervoll und maunzt und schnurrt die anderen Gäste so herzzerreissend an, bis jemand zu lachen beginnt. Dieser muss nun den Kater spielen, bis er vom nächsten Mitspieler abgelöst wird, der sich wiederum nicht beherrschen konnte. Aber Achtung: Es gilt schon als Lachen, wenn man nur die Zähne zeigt! MIAU!

POSTE
ALIMENT COMPLET
POUR LES ENFANTS
MAISON HENRI NESTLÉ A. CHRISTEN,
RUE DU PARC ROYAL, PAR

Lichterketten sind nicht nur in der Weihnachtszeit schön. Sie geben ein so zartes, warmes Licht, dass man sie das ganze Jahr über als stimmungsvolle Beleuchtung einsetzen kann – über Spiegel, Bilderrahmen und Gardinenstange drapiert, in Vasen, Schalen und Flaschen, sogar quer über dem Tisch. Über den Raum verteilte Spiegel in allen Größen und Formen vervielfachen den Lichteinfall.

Mögen Sie auf Kontraste nicht verzichten?
Dann ist Schwarz und Weiss der Klassiker!
Sehr edel mit sparsamen Farbakzenten,
zum Beispiel Zartrosa oder Hellgrün.

Man kann einfach alles einrahmen, zum Beispiel
Kleidung, Schmuck, Kreuze, Schuhe
und Schlittschuhe, Hüte, Musikinstrumente, Puppen…

Schnelle Tipps

Leinenlaken mit Spitze geben wunderbare Gardinen ab. Sie wirken besonders schön an Gardinenstangen aus dunklem Holz. Klemmen Sie die Gardinenringe direkt am Stoff fest oder nähen Sie einen Tunnel in eine Kante und schieben diese über die Stange.

Satztische sind eine praktische Lösung für kleine Räume. Wenn Gäste kommen, werden sie einfach auseinandergezogen.

Montieren Sie Rollen unter das alte Buffet und funktionieren es dadurch zum beweglichen Sideboard um.

Hängen Sie ein besonders schönes Stoffstück einfach gerahmt oder ungerahmt an die Wand, z.B. über das Sofa.

Räume mit Marmor- oder Fliesenböden werden durch Kissen und Decken in weichen, flauschigen Stoffen, in Pastelltönen oder mit Blumenmustern, wohnlicher. Vermeiden Sie allzu kräftige Farben.

Raumteiler und Paravents geben dem Raum immer wieder ein neues Gepräge und dienen auch dazu, unansehnliche Elemente zu kaschieren. Hängen Sie Schals, Ketten oder Bügel mit den Lieblingskleidern darüber.

Ein paar frische Blumen, brennende Kerzen und hübsche Sofakissen – und schon können die Gäste kommen!

Auf schlichte weiße Kissenbezüge kann man mithilfe von Transferpapier nostalgische Fotos oder Kalligrafien aufbringen.

Verstreuen Sie nicht alle Gegenstände wahllos im Raum, sondern gruppieren Sie diese zu kleinen Stillleben, dann wirkt es gleich aufgeräumter und übersichtlicher. Halten Sie ihre Umgebung frisch und interessant, indem Sie Ihre Lieblingsstücke regelmäßig wechseln.

Gruppieren Sie Leuchter, Kerzenhalter und Stumpenkerzen in verschiedenen Größen auf Silbertabletts oder Porzellanteller.

Gäste & Arbeitszimmer

Im Gästezimmer sollte sich der Gast willkommen und gut aufgehoben fühlen. Doch oft ist das Gästezimmer die letzte Station für fast ausgediente Betten sowie Gardinen und Bilder, denen man anderswo in der Wohnung längst überdrüssig ist – und das fühlt sich dann auch so an. Dasselbe gilt oft auch für das Arbeitszimmer, das sich übrigens nicht selten in einem auch als Gästezimmer genutzten Raum befindet. Wir hoffen, dass Sie sich durch unsere Abbildungen zu eigenen Kreationen anregen lassen.

"Tüchtige Hände, gesteuert von einem klaren Kopf und einem liebevollen Herzen, tun die beste Arbeit."

– Florence Nightingale –

Rêves doux

Hier fühlen sich alle willkommen.

Schönheit in der Einfachheit erblicken

Nr 5

Der Gaſt iſt König

Kreativität muss geweckt werden

... durch Experimentieren,
Risiken wagen, Regeln brechen,
durch Versuch und Irrtum.

Checkliste, wenn Gäste kommen:

Eine Flasche Mineralwasser und ein Trinkglas sowie „Inspiration in Weiß“ auf dem Nachttisch. Ein paar aktuelle Zeitschriften, frische Blumen, extra Kissen und Decken, Handtücher, duftende Gästeseife und ein Stück Schokolade auf dem Kopfkissen.

Sperren Sie Bindfaden, Pinsel, Knöpfe, Spitze und anderes Arbeitsmaterial nicht einfach in den Schrank. In Glasgefässen, Schalen und Dosen werden sie zu dekorativen Hinguckern.

Ein stilles Eckchen zum Arbeiten

...zu finden, braucht manchmal schon etwas Fantasie. Ob im Hausflur oder in einer Zimmerecke - die Hauptsache ist, es ist praktisch und man kann dort bequem eine Weile zubringen.

Ein Bettgestell aus Eisen ist die Quintessenz des französischen Stils. Mit weichen Kissen und Decken ausgestattet wird es zu einer gemütlichen Tagesliege.

Eine extra Decke, zum Beispiel in einem schönen Wäschekorb am Bett aufbewahrt, ist schnell zur Hand, wenn man sich nur mal eine Weile ausruhen oder den Kindern etwas vorlesen möchte.

Stillleben

… und der Abend der Sinne

In diesem Kapitel werden wir uns den kleinen Stillleben widmen, die unserer Meinung nach das I-Tüpfelchen bei der Einrichtung sind. Sie sind ein schöner Blickfang und beleben den Raum. Man kann sie aus so ziemlich allem zusammenstellen, was zur Hand ist. Die Auswahl und das Arrangement bringen unsere Individualität zum Ausdruck und geben der Wohnung Stil und Charakter. Sie werden sich im Laufe des Jahres, mit den Veränderungen des Wetters und der Anlässe, verändern und die Umgebung dadurch lebendig erhalten. Stillleben gehen unserer Ansicht nach Hand in Hand mit dem, was wir „den Abend der Sinne" nennen wollen, da beides Herz und Seele bereichert und Ihre Persönlichkeit zum Ausdruck bringt.

Gleich damit anfangen:

Labe dich am Regen, fühle dein Herz, lass Mutter Erde deine Last tragen, lass einen Kriegsschrei ertönen, pflanz einen Baum, tummle dich im Heu, geh barfuß, trink den Sonnenschein in dich hinein, mach Schnee-Engel, geh im Sturm am Meeresstrand spazieren, sehne dich!

Ein Stillleben kann aus allem Möglichen bestehen und eigentlich überall stehen, was Sie auf unseren Abbildungen gut erkennen können. Trotzdem wollen wir Ihnen hier ein paar Anhaltspunkte geben.

Französische Stillleben

Französische Kirchenleuchter, Madonnenfiguren, Bauernsilber, Leuchterblume, Spitzenunterwäsche, Fensterfriese, Rollschränke, Türen, Vogelbauer, Schaukelpferde, alte Bilder, Jutesäcke (französische Mehlsäcke), Statuen, Olivenbäume, Büsten, Eukalyptus, Kreuze, Löwenfüße, Juteschnur, feudale Bilderrahmen, Goldspiegel, alte Weckeruhren, Getränkesiphons, Spiegel und Weingläser.

Ländliche Stillleben

Körbe, altes und gesprungenes Porzellan, Porzellan-Schneidebretter, Küchenwaagen, Pelargonien, Emaille, Kochlöffel, Wolldecken, alte Schlüssel, Schultafeln, Holztröge, Spinnräder, Holzmaße, Milchkannen, Salzteig, frische Kräuter, Holzpantinen, grobgewebte Stoffe, Kissen und Decken, hölzerne Wäscheklammern, Bügelflaschen, Blechbuchstaben, Öllampen, Tulpen, Zuckerdosen, Flickenteppiche, Tonkrüge, Koffer und Zuckerzangen.

Romantische Stillleben

Rosen, Volants, Kerzenleuchter, Buchstaben aus weiß gestrichenem Holz, Perlenketten, silberne Frisiersets, schmutzige Pastelltöne, Schleierkraut, Lavendel, Ranunkeln, Kristallleuchter, Pressglas, Blütenblätter, Sammeltassen, runde Kissen, Häkeltücher, Steppdecken, Kerzen, Engel, Lichterketten, weiß gestrichenes Schmiedeeisen, Pfingstrosen, Veilchen, Tortendeckchen, Paradekissen, Spitzenborten, Vergissmeinnicht, Kuchenteller, Herzen, Hortensien, Kerzenleuchter mit Glasmanschetten.

Shabby Chic-Stillleben

Käseschränkchen, Hakenbretter, Tellerregale, weiße Bücher, Bibeln, Kuchenformen aus Blech, Nähmaschinengestelle, Tonkrüge, Efeu, Alt und Neu kombinieren, Nüsse, Fußabtreter, Decoupage, nostalgische Bilder, Borten, Suppenterrinen, Gießkannen, Patchworkdecken, Königskronen, Glasglocken, Stumpenkerzen, Glasaquarien ohne Fische und Wasser, Sträuße, rostige Gegenstände, Steine, Gerbera, Silberschmuck, Hyazinthen, alte Fotografien, Kristallgläser, Schiefertafeln, kleine Mini-Gewächshäuser, Fliegennetze, Paravents.

vi är i
trädgården
Garden
No 2
No 3

Ein Stillleben muss natürlich eine „Bühne“ haben. Das kann ein Sideboard sein, eine Ecke vom Esstisch oder Regal, eine leere Zimmerecke, ein Beistelltisch, ein Stuhl, ein Podest oder ein Fensterbrett. Es kann aus allem Möglichen bestehen – am Ende ist es die Kombination all der kleinen und großen persönlich ausgewählten Gegenstände, die zählt. In unserem Buch konzentrieren wir uns auf Weiß-in-Weiß; für Kontraste sorgen hier die unterschiedlichen Materialien und Oberflächen.

Gehen Sie in Ihrer Wohnung auf Schatzsuche – Sie werden staunen, was da alles an schönen Dingen zum Vorschein kommt. Auf dem Flohmarkt, auf Auktionen oder im Internet werden Sie ebenfalls fündig.

Harmonie und Abwechslung

Der Schlüssel zu einem gelungenen Stillleben ist die Ausgewogenheit der Komposition. Experimentieren Sie frisch drauflos – in der Höhe, der Breite und natürlich der Menge. Viele gleiche oder gleichartige Gegenstände können sehr interessant wirken, aber hier ist Vorsicht geboten, denn es schlägt auch schnell ins Monotone um. Hängen Sie zum Beispiel, wie im linken Bild, eine Reihe von Handspiegeln an ein Hakenbrett. Der Reiz liegt in den unterschiedlichen Formen der gleichartigen Gegenstände. Wirkt das Arrangement allzu leblos, tut ein bisschen frisches Grün wahre Wunder.

Kreieren Sie kleine Wimmelbilder, in denen man immer wieder etwas Neues entdeckt – zum Beispiel eine kleine Silberkrone in einem Blumentopf oder ein witziges Schild, das man erst beim zweiten Hinschauen sieht. Und verändern Sie Ihre Stillleben im Takt mit den Jahreszeiten!

Välkommen

Wishin' I was
FISHIN'

Liliegren

MBK
1836
CAFFOLATTE

Chambre de froid
KOFFIE

Küchen-Stillleben

In der Küche hantiert man täglich mit Obst und Gemüse, Backwaren, Kräutern und Gewürzen sowie Küchenutensilien aller Art. Hier bilden sich schon beinahe zwangsläufig kleine Stillleben, die man mit ein bisschen Sinn fürs Detail nur noch hier und da zu ergänzen braucht.

After-Eight-Muffins

2 Eier
200 ml Zucker
100 g zerlassene Butter
200 ml saure Sahne oder Naturjoghurt
400–450 ml Mehl
2 TL Backpulver
2 TL Vanillezucker
4 EL Kakao
6–8 Täfelchen After Eight

Eier und Zucker schaumig rühren, dann vorsichtig Butter und saure Sahne unterheben. Die trockenen Zutaten in einer anderen Schüssel mischen, dann mit der Eier-Fettmischung zu einem geschmeidigen Teig verrühren. Muffinförmchen zu 3/4 füllen und je ein After-Eight hineinstecken. 15–20 Minuten bei 225 °C backen.

Topping

100 g Philadelphia-Frischkäse
60 g zimmerwarme Butter
300 g Puderzucker
1 Beutel Vanillezucker
Saft von 1/2 Zitrone

Butter, Puderzucker, Vanillezucker und Zitronensaft cremig schlagen, dann den Frischkäse einrühren. Die fertigen Muffins damit bestreichen, nach Geschmack garnieren.

Schokoladen-Tässchen

Ergibt 4 Portionen

250 ml Vollmilch
125 ml Sahne
4 EL Zucker
1 EL Maisstärke
2 EL Kakaopulver
2 EL kochendes Wasser
2 Eigelbe
1 TL Vanillezucker
60 g Schokolade (Kakaoanteil mindestens 70%)

Milch und Sahne erwärmen. Zucker, Maisstärke und Kakaopulver zusammensieben und mit dem kochenden Wasser glatt rühren. Nacheinander die Eigelbe einrühren, dann die Milch-Sahnemischung dazugeben. Zuletzt den Vanillezucker zugeben. Die Mischung vorsichtig erhitzen, dann 3–4 Minuten zu einer cremigen Masse aufschlagen. Den Topf vom Herd nehmen und die Schokolade einrühren. Auf vier Tassen verteilen und in den Kühlschrank stellen. Mit Schlagsahne garniert servieren.

SIROP
PRÉPARÉ
d'Après la formule du
Dr. VANIER
DE PARIS.
Miel
Garanti pur d'Abeilles
INPETTO
OLIO di OLIVA
EXTRA VERGINE

Bäcker Bertas Brötchen

Schaubrot

Dieses Brot ist als Dekoration gedacht und hält sich daher monatelang, zum Beispiel in Wachspapier oder Tortenspitze gewickelt und mit Hanfschnur oder Zierband verschnürt.

50 g Hefe oder 1 Paket Trockenhefe
700 ml Wasser
1 EL Speiseöl
1 EL Salz
1000 ml Vollkornmehl nach Wahl
700 ml Weizenmehl

Die Hefe in dem handwarmen Wasser auflösen, dann die übrigen Zutaten einarbeiten. Zuletzt soviel Weizenmehl zugeben, dass der Teig nicht mehr an der Schüssel klebt. Zugedeckt 30 Minuten gehen lassen, dann gut durchkneten und zu zwei Laiben formen. Oben mit dem Messer einritzen. Den Ofen auf 175 °C vorheizen. Das Brot ca. 50 Minuten backen, bis es sich beim Beklopfen des Bodens hohl anhört.

Herzhaftes Brot mit Oliven und Rosmarin

Ergibt 2 kleine Brote

150 ml schwarze Oliven, ohne Steine
5–6 frische Rosmarinzweige oder
1 EL getrockneter Rosmarin
500 ml Wasser (ca. 50 °C)
1 Paket Trockenhefe (12 g)
2 EL Olivenöl
800–900 ml Weizenmehl
300 ml Graham-Mehl
1 TL Salz

Die Oliven und den frischen Rosmarin fein hacken. Wasser, Hefe, Salz, Öl und Mehl mischen und alles zu einem lockeren, geschmeidigen Teig verkneten. Rosmarin und Oliven zugeben. Zugedeckt 30 Minuten gehen lassen. Den Backofen auf 225 °C vorheizen. Den Teig zu zwei runden Laiben formen und auf ein gefettetes Backblech legen. Mit etwas Mehl bestreuen und nochmals 20 Minuten gehen lassen. 20 Minuten backen.

Schöne alte Vorratsdosen verdienen es, auf offenen Regalen zur Schau gestellt zu werden. Zwiebeln und Knoblauch, Zitrusfrüchte und Äpfel kommen in dekorative Körbe und Schalen.

Tischdecken mit Charme

Auf einem schön gedeckten Tisch schmeckt das Essen bekanntlich noch einmal so gut. Hier sind ein paar Beispiele für so originelle wie dekorative Tischdekorationen.

Glasglocken geben wunderbare Mini-Vitrinen für kleine Kostbarkeiten ab, z.B. für eine einzelne weiße Rose in einer Glasflasche, bunt bemalte Ostereier oder vielleicht das schön gestaltete Tischmenü. Je nach Stil gehören elegante Leinenservietten mit Monogramm oder als Stoffserviette zweckentfremdete Geschirrtücher mit dazu. Ebenso wunderschöne Tischtücher, oder improvisieren Sie aus antiken Laken mit Spitzenbesatz oder zusammengenähten Geschirrtüchern. Paradekissen, Geschirrtücher oder gerahmte Bilder dienen als Platzsets. Warum bündeln Sie nicht einmal das Besteck mit einem dekorativen Band und hängen es an den Stuhlrücken? Die Wein- oder Wassergläser müssen übrigens beileibe nicht in der Form zusammenpassen – eine „bunte“ Sammlung kann sehr charmant wirken!

Als Platzkarten können zum Beispiel beschriftete Eier oder gestickte Monogrammservietten dienen. Schön sind auch kleine Anhänger aus beschrifteter Pappe, die um den Fuß der Weingläser gebunden sind.

FIKA

PRINSESSORNAS
KOKBOK

Sommerliche Erfrischungsgetränke

Sommerblütensaft

40–60 Holunderblütenstände
1000–1500 g Zucker
50 g Weinsäure
Saft und Schale von 1 Zitrone
1500 ml Wasser

Die Blüten gut schütteln, damit keine Insekten darin hängen bleiben. Das Wasser aufkochen lassen und den Zucker einrühren, bis er sich ganz aufgelöst hat. Die Weinsäure in ein paar Esslöffeln der Zuckerlösung auflösen, dann mit Zitronensaft und -schale zu der Lösung geben. Die Blüten in eine große Schüssel legen und mit der Flüssigkeit übergießen. 5 Tage lang zugedeckt stehen lassen, dann abgießen. Kühl lagern und nach Bedarf mit Wasser verdünnt servieren.

Sommerträume in der Flasche

Erdbeersaft mit Kardamom

2 l Erdbeeren
300 ml Wasser
2 Zimtstangen
1–2 TL zerstoßene Kardamomkapseln
Saft und abgeriebene Schale von 1 Zitrone
500–600 ml Zucker

Das Wasser mit Zimt und Kardamom aufkochen. Zitronensaft und -schale sowie die Erdbeeren dazugeben und nochmals aufkochen, dann die Temperatur herunterschalten und zugedeckt 10 Minuten ziehen lassen. Drücken Sie die Beeren gegen die Topfwand, um den Saft herauszupressen. Dann in ein ausgespanntes Mulltuch gießen und den Saft ca. 50 Minuten lang von selbst herausrinnen lassen. Dann Saft und Zucker ein paar Minuten lang unter Rühren kochen, bis der Zucker sich aufgelöst hat. Den Schaum abschöpfen und den Saft in sterilisierte Glasflaschen gießen.

Bilder, Kalligrafien, Einzelbuchstaben und Schablonenmalereien kommen besonders in dekorativen Stillleben gut zur Geltung. Suchen Sie nach schönen Texten und beschrifteten Gegenständen und fügen Sie nach Bedarf eigene dazu – interessante Zitate, Mottos oder Ratschläge; die Namen Ihrer Familienmitglieder, besondere Daten; Wörter oder Wortschöpfungen Ihrer Kinder, als diese noch klein waren; den Namen Ihres Blogs oder ein Lieblingsrezept.

Im Internet gibt es unter den Stichwörtern „font", „free font", „Typeface" oder „Schriften" gratis Schriftarten zum Herunterladen und Ausdrucken. Mit „wordle" können Sie Texte per Zufallsprinzip in schöne Grafiken verwandeln. Experimentieren Sie mit der Kombination verschiedener Schrifttypen und beschriften damit Wände, Treibholzbretter, Silbertabletts, lose Bretter, Blechdosen oder Stoffbahnen. Fehlt es Ihnen an Zeit oder Lust, selbst zu basteln, können Sie fertige Schilder auch vielerorts und in vielen Materialien nach Maß bestellen.

Biere des Carmes
anno 1689

Besonders das Wohnzimmer ist eine dankbare Kulisse für viele kleine und grosse Stillleben. Variieren Sie die Ausstellung im Laufe der Jahreszeiten.

Es macht Spaß, die Dinge mit anderen Augen zu betrachten. So werden aus ein paar alten Lampenschirmgestellen fantasievolle Vogelbauer.

Schlafzimmer-Stillleben

Wir finden, jeder Raum der Wohnung sollte mindestens einen schönen Blickfang haben. Im Schlafzimmer kann ein Stillleben aus hübschem Klimbim sogar praktisch sein. Ein Potpourri aus Lavendel in einer schönen Schale sorgt für angenehme Luft. Hoch gestapelte Wolldecken sind so praktisch wie dekorativ. Parfumflaschen, Schmuck und Accessoires verschönern Schränke und Nachttische, wenn sie nicht gerade in Gebrauch sind. Hakenbretter sind praktisch, um Tages- oder Nachtkleidung, Schals, Ketten und Federboas daran aufzuhängen.

Hängen Sie als improvisierte Garderobe einen weiß lackierten Rundholzstab oder eine Gardinenstange von der Decke. Daran kommen die Lieblingskleider oder Omas Spitzendessous wunderbar zur Geltung. Darunter stellen Sie stapelweise Hutschachteln oder Ihre schönsten Pumps oder Stiefeletten.

ALIMENT COMPLET
POUR LES ENFANTS
A. CHRISTEN,
ROYAL, PARIS

Ein Aquarium muss nicht unbedingt voller Fische sein. Wie man hier sieht, macht es sich als Vitrine für Wein und Gläser oder für ausgefallene Stillleben ebenso schön. Ob Vogelbauer, Hutschachteln oder Hühnergatter – Ihnen wird bestimmt dazu etwas Ausgefallenes einfallen!

VÄLSIGNANDE KRISTUS.
HOVA KONDITORI
HOVA

Gleich und gleich gesellt sich gern -
und so entstehen immer
neue Minisammlungen!

*Das Glück
ist ein heller Ton,
der durch den
Alltag nachklingt.*

Braut von Messina
Und in Druck verfertiget/
Durch
Michaëlem Prætorium.

Die Gaben der Natur

Es versteht sich von selbst, dass die Natur einen wichtigen Platz in der Einrichtung einnimmt. Wohnungen ohne Pflanzen wirken leblos. Bei jedem Spaziergang in freier Natur können Sie sich die Arme mit Schätzen füllen, die Ihr Zuhause frisch und lebendig machen. So sind die Sinne das ganze Jahr über mit frischen Düften, Kontrasten und Geschmackserfahrungen beschäftigt. Wer das Glück hat, ein Gewächshaus zu besitzen, verfügt nicht nur regelmäßig über frisches Obst und Gemüse, sondern mit etwas Geschick auch über einen wunderbaren Ruheplatz im Grünen. Wir danken der Blumenkünstlerin Yvonne Edmark für viele der Abbildungen und Rezepte auf den Folgeseiten.

An der Hand,
die eine Blume schenkt, bleibt
immer ein Dufthauch zurück.

Spielen Sie mit dem Unerwarteten - ersinnen Sie immer neue Plätze, die man mit Blumen und Pflanzen schmücken kann.

Blüten

*Kleine Blüten
und Blättchen kann man
in Eiswürfel einfrieren.*

*1 Teil Blüten
und 2 Teile Zucker
im Mörser zerstossen und über
das Müsli streuen.*

*Butter mit Blütenaroma:
Ein Stück Butter in
Blütenblätter einwickeln und in
ein Mulltuch einschlagen.
Über Nacht in den
Kühlschrank stellen.*

Rosen-Scrub

50 g Zucker mit 2 Esslöffeln Rapsöl und den auseinandergezupften Blättern von 3 unbehandelten Rosen mischen.

Rosenöl

Rapsöl
Frische Rosenblätter
(unbehandelt)

Die Rosenblätter mit dem Rapsöl in ein Glasgefäß geben und etwa 4 Wochen am Fenster stehen lassen. Abseihen und nach dem Baden als Hautöl verwenden.

Fantasievoll pflanzen!

Lindernde Bienenwachs-Salbe

20 g Bienenwachs
80 ml Olivenöl
20 Tropfen ätherisches Lavendelöl

Wachs und Öl im Wasserbad unter ständigem Rühren erwärmen. Bei 40 °C das Lavendelöl zusetzen. In ein Gefäß mit Schraubdeckel geben. Mindestens 1 Jahr haltbar.

Ein Kranz muss nicht immer rund sein – warum nicht einmal herzförmig oder quadratisch? Aus einem alten Kleiderbügel geformt hat der Kranz gleich einen Aufhänger!

Auch das Material ist so unbegrenzt wie die Natur: Traditionelles Tannengrün, rote Beeren, frische Gräser oder Blumen, Zweige oder Tannenzapfen und und und ...

Essbare Blumen

Wussten Sie, dass man viele Blumen auch essen kann? Gänseblümchen, Veilchen, Stiefmütterchen, Klee, Löwenzahn, Malve, Stockrose und Borretsch sind sehr wohlschmeckend in frischen Salaten. Frisches Wasser kann man mit Rosmarin, Zitronenmelisse, Tannenschösslingen, Minze, Dill, Löwenzahn oder Rosenblättern parfümieren. Noch besser schmeckt es mit ein paar Apfel- oder Zitronenscheiben und frischen Beeren darin.

Serviertipps

Blütenblätter kann man kandieren und als Tortendekoration verwenden. Die feingehackten grünen Blätter von Duftpelargonien schmecken gut in Sandkuchen. Versuchen Sie es auch einmal mit Lavendelzwieback oder Lavendelzucker!

Schön wie ein Stein!

Alles Liebe von
Ingela Broling & Petra Eriksson

Vielen Dank an Alle!

Die Möglichkeit zu bekommen, dieses Buch zu gestalten, war für uns die Erfüllung eines Traums. Wir können nicht mit Worten beschreiben, was für eine glückliche Zeit die Arbeit an diesem Buch für uns gewesen ist. Es war zudem eine äußerst intensive Zeit, denn wir wollten hier etwas schaffen, dass für Sie ebenso wertvoll ist wie für uns selbst. Daher möchten wir nun all den wunderbaren Menschen in unserem Umkreis danken, die uns durch ihre unermüdliche Unterstützung dabei geholfen haben, unser Ziel zu erreichen.

Einen riesigen Dank an Lars Thun (Thun Designstudio) und Daniel Hahne (Zebraweb), die praktische Tipps, Rat und Tat bei Text und Layout beigesteuert haben. Vielen Dank auch für Trost und Beistand, wenn dieser einmal nötig war. Christin Gustavsson vielen Dank fürs Korrekturlesen und Feedback und dafür, dass sie uns sofort zur Seite gesprungen ist, als beim Texten Zeitdruck herrschte. Millionenfacher Dank auch an die zahlreichen Blogger für ihre Unterstützung!!!

Ein großes Dankeschön und eine Riesenumarmung für Lena Karlsson, die uns bei allem zur Seite stand, was Abrechnung und Verträge betraf. Wir danken außerdem Elin Jibbefors für Ratschläge zur Fotografie. Weiterhin sind wir NKP, NWT, P4 Honung und VF sowie allen anderen, die uns ihr Interesse bekundet haben, schwer verbunden. Danke all den wunderbaren Einrichtungs- und Dekogeschäften für ihre Zusammenarbeit und die schönen Abbildungen. Danke an Jessika Persson und Yvonne Edmark für das, was wir in ihren Wohnungen anstellen durften. Der größte Dank geht an unsere Familien, die uns während des ganzen Prozesses mit soviel Verständnis und Unterstützung begleitet haben, sowie Birgitta Hagberg, die während dieser ganzen Odyssee zu uns gehalten hat und für uns auf so vieles verzichten musste. Wir möchten uns auch bei der Swedbank für das Vertrauen bedanken, das sie bewogen hat, uns mit einem Darlehen den Weg zu unseren Träumen zu ebnen.

Zu guter Letzt bedanken wir uns vor allem bei Ihnen, liebe Leserin oder lieber Leser, und hoffen, dass Ihnen unser Buch für viele Jahre Freude machen wird!

Vielen Dank!